漫忆父亲刘少奇

与国防、军事、军队

刘源 著

人民出版社

刘少奇

　　1949 年 10 月，刘少奇在中央人民政府委员会第三次会议上被任命为人民革命军事委员会副主席。这是人民革命军事委员会成立时部分委员的合影。

刘少奇在中南海办公室工作。

1959 年 4 月，刚当选为中华人民共和国主席、国防委员会主席的刘少奇，同毛泽东在中南海怀仁堂后院接见出席第二届全国人民代表大会的代表。

1959年10月1日，毛泽东、刘少奇等党和国家领导人同中国人民解放军元帅、将军们在天安门城楼上合影。

1962 年，刘少奇在查看中印边界地图。

1965 年 7 月，毛泽东、刘少奇在中南海。

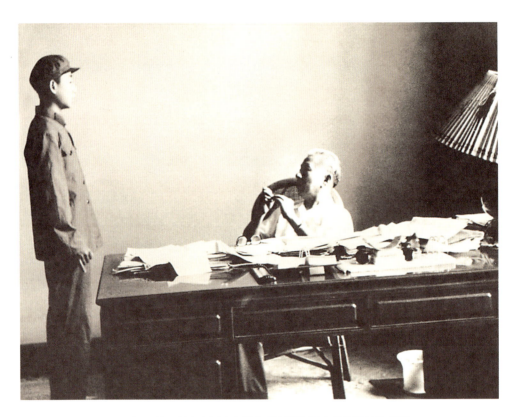

1965 年 8 月，刘少奇于家中听儿子刘源汇报在部队锻炼的情况。

刘少奇同志是伟大的马克思主义者，伟大的无产阶级革命家、政治家、理论家，党和国家主要领导人之一，中华人民共和国开国元勋，是党的第一代中央领导集体的重要成员。

刘少奇同志的英名，同中国人民、中国共产党、中华人民共和国波澜壮阔的奋斗历史紧密相连。他为中国革命和建设事业殚精竭虑、呕心沥血，在经济、政治、军事、文化、教育、外交和党的建设等领域都建立了卓著功勋，受到全党全军全国各族人民衷心爱戴。

刘少奇同志数十年如一日的不懈奋斗，在我们党的历史上、在中华民族走向伟大复兴的历史上占有重要地位。刘少奇同志的崇高品德和高尚情操，无论过去、现在、将来都是中国共产党人和中国人民学习的光辉榜样。

历史的接力棒已经交到了我们手中。我们在新的历史起点上进行伟大斗争、建设伟大工程、推进伟大事业、实现伟大梦想，就是刘少奇同志等老一辈革命家一生奋斗的伟大事业的继承和发展。

——习近平:《在纪念刘少奇同志诞辰 120 周年座谈会上的讲话》(2018 年 11 月 23 日)

序 言

  少奇同志是伟大的马克思主义者，伟大的无产阶级革命家、政治家、理论家，党和国家主要领导人之一。少奇同志把毕生精力奉献给中国革命和建设的伟大事业，建立了不朽功勋。我在延安时期曾聆听过他讲课；新中国成立后，又在他领导下工作过，因此受其教育和影响颇深，一生受用。

  1935年冬，我在北平参加了"一二·九"学生抗日救亡运动。少奇同志领导的地下党组织，高举抗日民族统一战线旗帜，纠正了党内关门主义错误，掀起抗日救国新高潮。我同其他青年学生到国民党二十九军丰台营地宣传抗日，教唱《大刀进行曲》，学习基本军事技能。"七七事变"后，少奇同志领导的北方局党组织发出"脱下长袍，到敌人后方去"的号召，我又同其他青年学生一道走上了抗战前线，壮大抗日武装力量，受到了老百姓的热情支持。

1939 年 7 月，我在马列学院工作时，少奇同志到马列学院讲课令我难忘。当时，少奇同志从竹沟中原局返回延安参加中央召开的会议，就住在张闻天同志隔壁。我奉张闻天同志之命请少奇同志到学院讲课，他欣然应允。少奇同志充满深厚理论功底和丰富党内生活经验的演讲，引起学员们的热烈反响。前来听课的人很多，课堂只好从小礼堂搬到了大操场，前面放一张桌子，少奇同志就站在桌上讲。学员们听后意犹未尽，互相传抄笔记，我也记了厚厚一大本。此后，少奇同志应张闻天同志和学员们的请求，百忙中整理了部分讲稿，予以发表，这就是著名的《论共产党员的修养》。这部党建理论著作，丰富了党的理论宝库，对于指导我们今天党的建设新的伟大工程仍然具有重要的现实意义。

刘源同志的这本书，记叙了父亲少奇同志革命生涯许多感人故事，读来令人感受到党领导人民所走过的光辉历程来之不易，更加值得珍惜。正如习近平总书记所指出的："一切向前走，都不能忘记走过的路；走得再远、走到再光辉的未来，也不能忘记走过的过去，不能忘记为什么出发。"重温少奇同志辉煌历程，领悟一名坚定的老共产党员的高尚品质和革命精神，对于中国特色社会主义新时代的人们工作学习会有启迪教益。

写在前面的话

1.作为子女讲述父亲历史的怀念文章，称呼上实难把握，既应以尊称，又要沿用写史常规，故每自然段仅一处称父亲。对老一辈革命家叔伯，称呼更难周全，仅一二处用昵称，按常规不避名讳，或依文句需要以姓简代，请读者及尊者家人谅解。

2.为便于理解，史实外加了些背景介绍、意义概述和简单评价，少不了保留些子女的感情回顾及点评，尽量注意党史上掌握的分寸，也阐述些独见而非共识，或许可对史实提出个新视角？谨与读者学者共同思考。请慨允。

3.为再现老一辈的个性，表现故事的鲜活性，力图在叙述上轻松点、通俗点，以新针脚缝合旧貂裘、改旧诗词附会新文意，在文字上作点新试、破点规矩，或许可对史实激发些新感悟？谨与读者学者共同探讨。请海涵。

4.本应逐人、逐句加注解，但阅读起来过于烦琐，甚至超过正文篇幅。故仅注释史实出处、部分专用名词和个别人物简介。文章主角是我父亲，竭尽全力精练浓缩地讲述，仍是既粗略又超长，故简化了许多人的作为与功绩。请体谅。

5.身为国之干城一将军、人民养育一小兵，军人的责任和儿子的义务，都决定我必须写这本书。本人独家掌握的史料和补白新解，或许可为史实增添点新内容？讲述予众，共享与众，评判于众，我自负责。

刘源

目 录

卫黄保华　武装工农

提笔展卷，梦回万里。

漫忆父亲，眼前自然浮现出：1948 年末，中国人民解放军横扫千军如卷席，在喧天凯歌中，恰逢我父亲 50 岁生日，62 岁的朱德总司令深情赠诗：

"少奇老亦奇，天命早已知。

幼年学马列，辩证启新思。

献身于革命，群运见英姿。

人山人海里，从容作导师。

真理寻求得，平生能坚持。

为民作勤务，劳怨均不辞。

党中作领袖，大公而无私。

群众欣爱戴，须叟不可离。

修养称楷模，党员作范仪。

今年虽半百，胜利已可期。

再活五十年，亲奠共产基。"

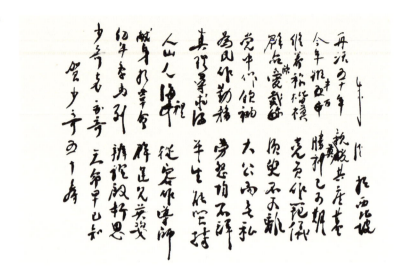

朱德祝贺刘少奇五十寿辰的诗。

刘少奇原名绍选，字渭璜。1898年11月24日，诞生在湖南省宁乡县花明楼乡炭子冲的一个比较富有的农民家庭里。他在族辈兄弟九人中排行最小，所以乳名"九满"。参加革命后改名少奇。花明楼炭子冲在离省会长沙市五十余公里的宁乡县的西南隅，四面丘陵环绕，靳水自西而东流过，山清水秀。图为花明楼炭子冲。

　　父亲刘少奇的一生，与国防、军事和军队有不解之缘，紧密相连。因为在他成长生活的年代，这是无可回避、至关重要的；于他为之奋斗的事业，又是不可或缺、生命攸关的。

　　旧中国，积弱积贫、落后挨打，丧权辱国、受尽欺侮，列强分中国，混战遍南北，国人首先感觉到的，最痛心切身的，就是要保种、要救亡。父亲自幼，最着迷的故事，是岳飞的精忠报国；最喜爱的诗句，是"何须马革裹尸还"；最崇拜的偶像，是黄兴、蔡锷、孙中山。不满 17 周岁，他就领头参加"内除国贼、外抗强权""毋忘国耻""不当亡国奴"的抗议游行，并给自己改名"刘卫黄"，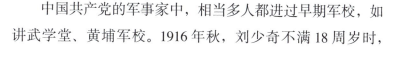意为"保卫黄种人"，捍卫炎黄子孙。他给第一个儿子起名叫"保华"，同样是保卫国家、保中华民族之意。卫黄保华 ❷，是他毕生的追求，也是对后辈的重托。

中国共产党的军事家中，相当多人都进过早期军校，如讲武学堂、黄埔军校。1916 年秋，刘少奇不满 18 周岁时，

捍卫炎黄立志早，
少年更名刘卫黄

炭子冲刘少奇故居。

---

❶ 中共中央文献研究室编：《刘少奇年谱（1898—1969）》上卷，中央文献出版社 1996 年版，第 11 页。

❷ "卫黄"意为"保卫黄种人"，"保华"意为"保中华"，是刘少奇自述原话。

以第一名的成绩考入湖南陆军讲武堂。❶ 时值军阀混战时期，湖南省督军谭延闿建此校，开学不满一年（1917年秋），谭

刘少奇少年时读书写字的柴房。

这是刘少奇读过的《了凡纲鉴》和《资治通鉴纲目》。

---

❶ 中共中央文献研究室编：《刘少奇年谱（1898—1969）》上卷，中央文献出版社1996年版，第12页。

督军下台，引来各派军阀抢夺，讲武堂变全武行，成为枪炮交火之地，转眼只剩断壁残垣，师生们作鸟兽散跑光光。❶军校都葬于混战兵灾，可想其教员学员之刻骨铭心。"刘九书柜"❷卷走不少兵书课本，回家研读。

刘少奇喜欢阅读历史、地理方面的书籍，对于记述黄巢起义、太平天国运动、义和团运动和辛亥革命等的书尤感兴趣。他的哥哥云庭曾在湖南新军中任连副。这支新军响应了武昌起义。这本书就是云庭送给他的。

　　1919 年夏初，父亲在长沙顺利通过了毕业考试，跑到北京参加"五四运动"。当时各种思想流派的社会主义、无政府主义等流行，令人目不暇接。他接受各种革命思想的冲击，同时也没耽误报考大学。不久，几所著名大学录取通知来了，另类尴尬缠身：他高中北京大学，却出不起学费；陆军兽医学校倒是全免费，但对三年前就考入讲武堂、又被打

❶ 中共中央文献研究室编：《刘少奇传（1898—1969）》（上），中央文献出版社 2008 年版，第 14 页。

❷ 乡亲们给刘少奇起的雅号。父亲在叔伯中最小，称"满仔"；大排行第九，家里乡邻称"九满"。因喜好读书，得此雅号。

出来的"高才生"来说，恐怕吸引力不足。❶

8月，大规模的青年运动又起。这批真闯荡、半流浪的青少年，真投身、半卷入革命的大洪流。父亲后来回忆："当时是暑假，天津的学生也有不少到了北京（周恩来也在，但当时刘、周并不认识），曾在天安门举行了很大的示威，并在天安门露宿了几天……从此开展了中国历史上一个最大的新文化运动，这是五四运动最大的直接成果"❷。

同时，父亲直接找当时的教育总长范静生，经介绍进入保定育德中学附设的留法高等工艺预备班，

1916 年夏，刘少奇在长沙考入宁乡驻省中学，插入该校二年级一期。这是他亲手制作的一个竹笔筒，在上面精心雕刻了松鹤图、《松鹤赋》和"卫黄作"，反映出他开始把振兴中华民族作为自己人生努力的目标。在中学期间，刘少奇焕发出炽热的爱国主义感情，曾参加在长沙隆重举行的黄兴和蔡锷的追悼大会，抄录了全国各界送来的许多挽联，表达了他对黄、蔡的崇敬之情。

1919 年暑期，刘少奇来到北京，被介绍到保定育德中学附设的高等工艺预备班（即留法预备班）半工半读。学习的内容是机械学和法文。为了将来到法国易于找到工作，他在预备班的实习工厂里学习过打铁、翻砂和钳工、木工等活，为他以后从事工人运动创造了十分有利的条件。这个时期，他受十月革命和五四爱国运动的影响，开始阅读有关社会主义的进步书刊，初步确立了马克思主义世界观。图为育德中学校门。

---

❶ 中共中央文献研究室编：《刘少奇传（1898—1969）》（上），中央文献出版社 2008 年版，第 17 页。

❷ 刘少奇：《五四运动的二十周年》（1939 年）。

半工半读，争赴法国勤工俭学。❶ 十个月里，他学习到大量影响一生的知识和技能。学业结束时，直皖军阀混战，铁路中断。两个月后的 1920 年 8 月，饿得半死的老"北漂"刘少奇，才从北京回到湖南。

这时，前两批留法学生被强制遣返回国。22 岁的父亲白忙活一年，赴法"全泡汤"了，但闯荡一年的"心"却已难收。此时，《大公报》刊出的一则消息吸引了眼球："俄罗斯研究会"组织赴俄留学，由长沙船山学校校长贺民范负责。父亲就直接上门。他后来叙述："从前听说过社会主义、无政府主义……又看到马克思主义的小册子。此外，还有一个最大的事情，就是十月革命的胜利。这个革命把全世界想要革命但又没有找到出路的人惊醒了。特别是在中国，我们那时感觉到了亡国灭种的危险，但又不晓得往哪里跑，这一下就有办法了"。"在一九二〇的冬天，即由湖南一位相信社会主义的老先生贺民范介绍加入社会主义青年

1920 年，刘少奇从保定留法预备班毕业后未能赴法，回到长沙。同年冬，经船山学社贺民范介绍，加入社会主义青年团。入上海外国语学社学习俄文和马克思主义书籍。1921 年夏，他被青年团派往莫斯科东方劳动者共产主义大学学习。是年冬，由青年团员转为共产党员，并与其他党团员一起组成旅莫支部，他是支部早期的负责人之一。1922 年夏初，离苏回到上海。在上海中国劳动组合书记部工作。图为上海外国语学社旧址。

---

❶ 中共中央文献研究室编：《刘少奇传（1898—1969）》（上），中央文献出版社 2008 年版，第 18—20 页。

1922 年 1 月 17 日，刘少奇填写的中国社会主义青年团团员履历调查表。

青年时代的刘少奇。

团……又由长沙到上海。进了当时青年团及陈独秀等创办的外国语学校"，上留俄预备班。❶

1921 年春，刘少奇与罗亦农、任弼时、萧劲光等一同前往莫斯科，航海登陆、跨西伯利亚冰原，跋涉三个月才抵达。7 月，入东方劳动者共产主义大学中国班，最重要的课程之一就是军事。中国学生最急切想要学的，正是苏俄"十月革命一声炮响"中的理论和实践。

那时，苏联尚未建立。签署《布列斯特和约》割地退出世界大战后，十多国干涉，白匪、民族匪帮❷肆虐，苏俄内战正酣，城乡破败、经济凋敝，实行"战时共产主义"，中国留学生的生活比士兵、市民还差。目睹列宁的布尔什维克党领导人民，焕发出巨大的热情，打胜残酷的战争，克服深重的苦难。父亲被"崭新的精神面貌，深深地感动了"，近四十年后，他自述："我们开始懂得社会主义革命的艰巨性和它的深刻意义，增强了我们献身革命事业的决心和坚定性"。❸1921 年入冬，

---

❶ 中共中央文献研究室编：《刘少奇传（1898—1969）》（上），中央文献出版社 2008 年版，第 21—30 页。
❷ 苏联时期称旧沙俄势力为白匪，称反沙皇的民族分裂势力为民族匪帮。
❸ 中共中央文献研究室编：《刘少奇传（1898—1969）》（下），中央文献出版社 2008 年版，第 851 页。

莫斯科东方大
学旧址。

刘少奇转入中国共产党。❶

　　1922 年春，父亲带领我党首批"留苏生""海归"返国，
自称"从西天取经回来，经不多就是了"。这本"经"，一言
以蔽之：武装工农，夺取政权。

　　党中央派刘少奇到中国劳动组合书记部工作。这里是
中共领导工人运动的公开机关，书记张国焘，加刘少奇和
另一位同志，三人开展工作。父亲的主要任务，是按共产
国际的规矩，具体筹备并服务中共第二次全国代表大会。

　　当时，陈独秀任中共中央局书记，对父亲的才干印象深
刻。大会刚结束，7 月即委派刘少奇回湖南，任中国共产党

❶ 中共中央文献研究室编：《刘少奇年谱（1898—1969）》上卷，中央文献
出版社 1996 年版，第 6、12、14、16、18、19 页。

急赴安源一身胆，
工人代表挺上前

湘区执行委员会委员，带"二大"文件传达会议精神。毛泽东正是湘区执行委员会书记。也就是说，建党一年后，毛泽东和刘少奇就在一起共事了。按现在的话，在一个班子工作，28 周岁的毛是班长，23 周岁的刘是成员。

8 月中旬，父亲与李立三等发起成立工学商各公团联合会；9 月 5 日出席泥木工会成立大会并讲话。这都是最早的工会公团组织。❶9 月，"中央来了紧急信"❷，毛伯伯通知父亲，"叫我到安源去，出了六元钱买汽车票才到株洲，爬上株萍铁路的火车，跑到安源，没几天就罢工"❸。

1922 年 9 月 18 日，安源路矿工人举行罢工胜利庆祝大会，刘少奇在大会上讲话。图为庆祝大会会场。

❶ 中共中央文献研究室编：《刘少奇年谱（1898—1969）》上卷，中央文献出版社 1996 年版，第 22 页。

❷ 中共中央文献研究室编：《刘少奇传（1898—1969）》（上），中央文献出版社 2008 年版，第 37—39 页。

❸ 刘少奇：《在湖南省直及地市委负责干部会议上的讲话》（1964 年 8 月 10 日）。

1923 年 4 月，安源路矿工人俱乐部第一届职员的合影（第二排左六为刘少奇）。

　　刘少奇在安源搞工运的故事、"工人代表一身是胆"的事迹，大家或许耳熟。1923 年"二七惨案"后，各地工会普遍被军阀政府和企业当局查封，全国工运失败、处于低潮。"如海中孤岛""巍然独存"的安源却"得到完全胜利，实在是幼稚的中国劳工运动中绝无仅有的事"。❶父亲在那里主事两年多，一直是中共湘区执行委员兼安源党的领导、曾任工人俱乐部总主任等职。

　　从安源煤矿，一步步扩展到铁路、冶炼企业，成立联合工会。当时，汉阳铁路水运、大冶汉阳铁厂、萍乡安源煤矿是全国同行业最大的企业，更是最大的工业联合体。其中，煤矿工人总数最多。汉冶萍总工会成立后，刘少奇一直是副委员长。1923 年机关迁驻安源，1924 年 9 月，刘少奇兼临时执行委员会委员长主持工作，可谓独树一帜，"硕果仅存"。❷

---

❶　刘少奇：《安源路矿工人俱乐部略史》（1923 年 8 月 10 日）。

❷　邓中夏：《中国职工运动简史》，人民出版社 1953 年版，第 109 页。

全国各地的共产党员聚集此地，最多时占全党总人数的三分之一到二分之一，仅安源本地15个支部300名党员，上缴的党费是党中央最大的经费来源。按杨尚昆回忆：1925年初全国900名党员，安源占300多。而罗章龙叙述：加上全国前来学习和避难的，安源聚集全党近三分之二的党员，被称为"小莫斯科"！对共产党人来说，安源既是风云际会之地，又是培训创新之家，创造出"十个第一"，其中就有"第一支工人武装"。红色摇篮，名副其实，功莫大焉！❶

父亲非常注重武装工人。首先，是宣传教育。安源工人俱乐部设有保卫民族、国家所必需的军事课程，教授工友和各地来的党员，阐释劳动阶级要维护自己的利益，实现自身解放，必须有自己的武装。萧劲光在苏联上过红军大学，学习归来就到安源讲军事课。

在安源时的刘少奇。

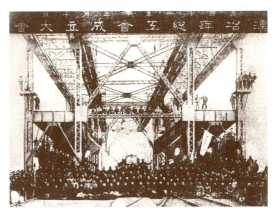

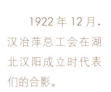

1922年12月，汉冶萍总工会在湖北汉阳成立时代表们的合影。

---

❶ 中共中央文献研究室编：《刘少奇传（1898—1969）》（上），中央文献出版社2008年版，第39、53、59页。——"小莫斯科""十个第一"，安源路矿工人运动纪念馆有详记。

刘少奇领导创办的安源党校旧址。

在我党"第一所党校"❶，刘少奇亲任校长讲授《共产党宣言》：共产党人的"目的只有用暴力推翻全部现存的社会制度才能达到。让统治阶级在共产主义革命面前发抖吧。无产者在这个革命中失去的只是锁链。他们获得的将是整个世界！"

继而，就着手实践。组织起武装工人纠察团，1923 年纠察队员就达 200 人，1925 年已扩大到 800 多人，并改造了矿警队，"以维护矿上工人的利益"。中国共产党武装工农最早的实践，被公认发轫于安源。❷ 这为人民军队的建立和发展，作出了极为可贵的、能生长接续的积极探索——混沌之世、中共初萌，武装工农、可谓始祖。

首建党校载历史，亲授《共产党宣言》

❶ 中共中央文献研究室第二编研部等编：《刘少奇大辞典》，中央文献出版社 2009 年版，第 13 页。

❷ 即安源的第一支工人武装，比党领导的农民武装和北伐军叶挺独立团早若干年。见安源路矿工人运动纪念馆；王光美：《与君同舟　风雨无悔》，载王光美、刘源等：《你所不知道的刘少奇》，河南人民出版社 2000 年版，第 8—9 页。

何宝珍（又作
葆珍、葆真、葆
贞），刘少奇夫人。
1927 年 10 月，刘
少奇离开庐山到上
海党中央职工部工
作，她随刘少奇到
上海。后又随他辗
转华北、东北等地。
1932 年，刘少奇
离开上海去中央苏
区，她继续留在上
海工作，后被捕。
1934 年冬，被国民
党反动派杀害于南
京雨花台。刘少奇
曾称赞她"英勇坚
决，为女党员之杰
出者"。

1923 年，父亲与何葆贞（1902—1934）妈妈在安源结婚。何是湖南道县人，原名宝珍，自改名葆贞（永葆贞节、坚贞之意），父亲亦称保贞或保真（保真理之意），是杨开慧的闺蜜，师范学生，积极革命，临毕业时被学校开除。1922 年夏，她住毛泽东和杨开慧家，初识刘少奇，加入青年团，经毛泽东派到安源，加入共产党。21 岁的葆贞妈妈，在工人俱乐部任教员，深受工人尊重，被尊称"小老师"；在工会和党内，亲如同门师姐，昵称"小大姐"。1925 年，我大哥出生，初名保华或葆华（保卫、永葆中华之意），"保"或"葆"来自母名，满周岁后送回宁乡老家抚养，按祖辈排"允"字，后名刘允斌。

1925 年春，父亲携葆贞妈妈离开安源，到广东、上海领导全国规模空前的工人运动，参加轰轰烈烈的"五卅运动"和"省港大罢工"。他依安源经验再次亲手组织了工人纠察队。1926 年初，刘少奇代理中华全国总工会委员长，明确指出：必须"组织人民的军队——武装工农"，又要求省港罢工"扩充武装纠察"。这为一年多以后的"广州起义"培养了骨干。❶

1927 年元旦，国民政府颁令迁都武汉，中华全国总工会随迁之前两个月，父亲回老家"打前站"❷。那一时期，工人运动达到高潮。"弄潮儿向涛头立，手把红旗旗不湿"。刘少奇依托他打下的汉冶萍（安源）总工会基础，亲手组织起工人纠察队，很快发展到 5000 多人，拥有 3000 支枪，在收回汉口

---

❶ 中共中央文献研究室第二编研部编著：《刘少奇军事画传》，贵州人民出版社 2009 年版，第 12—18 页。

❷ 1926 年 9 月 17 日，全国总工会设立武汉办事处，李立三任主任，刘少奇为秘书长。

1925年春，刘少奇离开安源前往广州，参加筹备全国第二次劳动大会。5月1—7日，大会在广州举行。刘少奇在大会上作关于"工人阶级与政治问题议案"的报告。大会选举刘少奇为首届中华全国总工会执行委员会副委员长。图为刘少奇在全国第二次劳动大会和广东全省农民大会上讲话。

"五卅惨案"发生后，上海总工会和各界群众举行游行示威，抗议帝国主义的暴行。

英租界（中国首次收回列强的租借地）等标志性大事件中作出历史贡献；在"四三惨案"后发起的反日斗争中 ❶，在与军阀、国民党反动派以及黑恶势力的斗争中，捍卫了人民利益。

---

❶ 日本军舰水兵屠杀武汉市民，刘少奇令工人纠察队武力对抗，并发起"收回日租界"运动。

工运大潮涛头立，
武装工农红旗飘

上海总工会旧址。

工人纠察队自
动保卫总工会。

由刘少奇介绍，安源工运领导人之一、"黄埔三杰"之首的蒋先云 **❶**，任中共湖北省军委委员、武装部长兼湖北省总工会工人纠察队总队长；"黄埔三杰"之二的北伐军特务营营长陈赓（中共党员），后兼总队长；**❷** 我的六伯刘云庭 **❸** 辞去湘军军官，任纠察队卫队营营长；汉冶萍铁路工人马辉之（中共党员）任纠察队一队队长。他们受父亲领导，负责纠察队事务，维护秩序和保护民权。**❹**

蒋介石在上海发动"四一二"反革命政变，解散工人纠

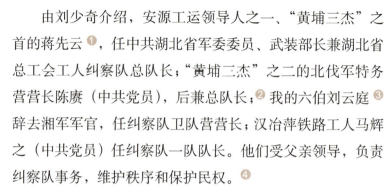

---

❶ 生于 1902 年，1921 年加入中国共产党。与李立三、刘少奇共同领导安源大罢工，后入黄埔军校一期。1927 年 5 月，北伐河南激战中，英勇牺牲。被追授国民革命军中将军衔。

❷ 中共中央文献研究室第二编研部等编：《刘少奇大辞典》，中央文献出版社 2009 年版，第 657、720 页。

❸ 1887—1949 年，父亲的亲胞兄，湘军进步军官，曾参加孙中山护法和讨袁战争，参加国民大革命，无党派。1949 年病逝。父亲手书挽词："你是我幼年学习和活动的第一个帮助者。"

❹ 中共中央文献研究室第二编研部等编：《刘少奇大辞典》，中央文献出版社 2009 年版，第 657、600 页。

1926 年 10 月 10 日，国民革命军攻克武昌。图为武汉军民举行联欢大会，庆祝北伐军攻克武昌。

1927 年 5 月 23 日，在汉口举行的太平洋劳动大会上，刘少奇代表全国总工会发表演讲，坚决表示中国无产阶级的唯一出路是继续打破国内外反动派的联合进攻。图为汉口《民国日报》登载的刘少奇演讲词。

全国总工会、
湖北省总工会旧址。

工农反抗暴动起，
人民军队始无前

1927 年 4 月
27 日至 5 月 9 日，
刘少奇在武汉出席
中国共产党第五次
全国代表大会，并
当选为中央委员。
图为中共五大旧址。

察队、大肆屠杀共产党人
和革命群众。汪精卫还保
持了三个月的"国共合作"，
到"七一五"武汉政府也
同共产党翻了脸。

1927 年 6 月底，得知
汪精卫要"宁汉合流"，进
行所谓的"清党、分共"，
"内线"透露国民党三十五
军军长何键准备政变，攻
击共产党及其领导的工农

武装。总书记陈独秀召开中共中央紧急政治局会议，决议立
即解散工人纠察队，❶把任务交给了父亲。一方面，作为中共
中央委员，刘少奇在会议上坚决反对，但又必须执行中央的

---

❶ 中华全国总工会编：《中华全国总工会七十年》，中国工人出版社 1995 年
版，第 109 页。

决定；另一方面，作为工人纠察队的组织领导者，刘少奇与29岁的同龄人周恩来、30岁的张国焘等谋划，明修栈道、暗度陈仓：表面上解散，缴出破枪、梭镖和棍棒，返回做工，六伯刘云庭带头解甲归田；实则秘密转移这部分宝贵的武装力量，将三千纠察队精锐连同较好的枪械装备，输送到叶挺与贺龙❶的部队里，由陈赓等带队，正式加入中国共产党掌握和影响的国民革命军，为20天后的南昌起义注入生力军。❷当今，称誉为刘少奇的"卷旗不缴枪"❸，专指此时此事。这就将工农武装的雏形，变为"八一起义"之前我党所掌握的正式武装力量，成为人民军队的前身之一。❹

同时，共产党人也都快速疏散。父亲搭贺龙的官船到九江，上庐山养病。何葆贞妈妈将不满周岁的我大姐刘爱琴寄养在武汉劳工家，与父亲秘密同行上庐山。

中国共产党是工人阶级政党。当时，工人运动是我党最

第四次全國勞動大會之第五日

▲劉少奇作會務報告
▲報告後次議案五項

1927 年 6 月，刘少奇和苏兆征、李立三等在汉口主持召开了第四次全国劳动大会。他代表全总作了《中华全国总工会会务报告》，在会上当选全国总工会执行委员。图为刘少奇在会上作报告的消息报道。

---

❶ 叶挺：《南昌暴动至潮汕的失败》（1928 年），见中央档案馆编：《南昌起义（资料选辑）》，中共中央党校出版社 1987 年版。其中明确记载：所部"工会纠察队一千余支枪"。——陈赓为二十军特务营营长，此时带半数工人纠察队人枪加入贺龙部队。

❷ 中共中央文献研究室编：《刘少奇年谱（1898—1969）》上卷，中央文献出版社 1996 年版，第 72—73 页。

❸ 最早称"卷旗不缴枪"的是王小强和张木生。

❹ 也有相当部分人认定，工人纠察队和矿警队等工农武装，已经是人民军队。

重要的工作，有工运才有党，"工会工作在先，党的工作在后"❶。工人阶级是革命的领导阶级，在党的武装部队中地位当然也高。

7月中旬，中共中央临时常委会决定南昌起义，派前敌军委书记聂荣臻上庐山面见刘少奇，秘密通告起义计划。聂帅晚年时对母亲和我说："在那个时候，我们党认为工人是最可靠的，武汉纠察队在军队中最受信赖，而这些工人最听少奇的。少奇了解他们，在他们中间有威信。"父亲表示一定参加，但因起义仓促提前，没能赶上。在革命战争中"那部分工人的确是最勇敢顽强的"，越是可靠、英勇、顽强，牺牲就越多，"最坚定的战士早早拼光了"。❷新中国成立后

1950年，陈赓在越南取得"边界战役"大胜而归，到中南海向刘少奇汇报情况。

---

❶ 刘少奇：《同朱理治的谈话》（1964年10月4日）。

❷ 王光美、刘源等：《你所不知道的刘少奇》，河南人民出版社2000年版，第12—14页。

健在的更是凤毛麟角，❶ 陈赓被授予大将军衔（中共八届中央委员）；马辉之❷，后任中华人民共和国交通部副部长。正可谓：工农武装开古今，老帅情深念旧心。百战拼杀身先死，"长使英雄泪满襟"。

这里重复一句并非多余的话：刘少奇，和南昌起义的直接领导者周恩来、李立三、聂荣臻、贺龙、叶挺、陈赓，都是这支工人武装的领导。20 天后的八一起义，老武汉工人纠察队参加，创建人民军队！

接下来，是 9 月的秋收起义，在湘赣边区多地，工农揭竿而起。如果要确定标志性的地点，应该是在毛泽东开会发动

---

❶ "南昌起义"两万多人，到 1928 年"湘南起义"前剩八百余人。新中国成立后健在的更少得多。

❷ 1901—1994 年，原汉冶萍铁路工人，1926 年入党，"文化大革命"中受迫害，1978 年平反。

起义的安源，起义组成的三个团中，有一个整团 ❶（二团和三团一部）是安源工人，主要由工人纠察队和矿警队持枪械投身。南昌起义是以国民党名义，打的还是国民革命军青天白日旗号；秋收起义第一次打出了共产党的红旗，"军叫工农革命，旗号镰刀斧头"。那么，工农革命军——工农红军的"工"，当时的体现者是谁？主力就是安源工人。开国上将杨得志，中将韩伟，以及高自立等多名将军就在其中。显然，这同刘少奇多年的工作基础和教育成果，有重要而又直接的关联。

后来，井冈山时期也好，中央苏区时也好，毛泽东和朱德多次到安源"扩红"。当然，99%都打没了。新中国成立后仍健在的，如孔原，首任中华人民共和国海关总署署长，后任过中央调查部部长（中共八届中央候补委员），❷他曾带几十名安源工人参加南昌起义；开国中将丁秋生和少将吴烈都是安源的童工，还有幸元林、王耀南、熊飞少将等，恰逢1930年毛泽东来"扩红"，加入队伍。❸直到抗日战争时期，安源仍有大量工人走上战场，最著名的是吴运铎。❹一座煤矿，前后竟有上万工人踊跃参军，尤显可贵。一家企业，提供如此大量的兵员反抗血腥恐怖的旧势力，力绝空前！

有必要多强调一句：毛泽东、刘少奇、李立三、李维汉、萧劲光、毛泽民、易礼容等都是从安源走出来的。即使

萧劲光

---

❶ 中共中央文献研究室第二编研部等编：《刘少奇大辞典》，中央文献出版社 2009 年版，第 11 页。

❷ 孔丹、孔栋讲述。

❸ 海军原副司令丁一平中将讲述；我在北京公安总队当兵时的战友吴丹讲述。

❹ 安源工人运动纪念馆有详记。

在"文化大革命"中，《毛主席去安源》的油画也依然风靡。当初可是"红旗卷起"工农戟，如今已见"遍地英雄下夕烟"！中国革命的星星之火，工农武装的历史贡献，我们的人民军队不可不知，决不能忘！

接着是"广州起义"，同样以工人纠察队为骨干，因失败没有接续，不赘述——谨向当年所有反抗帝国主义、封建主义、官僚资本主义的烈士，致以最崇高的敬意！念发迹之源，"为有牺牲多壮志，敢教日月换新天"；看传承之世，国家前进民安定，常祭先烈花满径。

当年，最著名、最初的三大起义，都有工人阶级的重要成分。为什么要重点介绍同为汉冶萍的武汉和安源工人纠察队呢？因为他们构成南昌起义（党员骨干）和秋收起义（工人主力）的重要力量，血脉延续至今，称其为人民军队最早的雏形前身，当之无愧！这跟刘少奇多年领导的工人运动密不可分，早已功载千秋。

我说的这些，均有确凿的史料，在诸多文章和文献里都有铭记。但是，很少有人将建立工农武装、人民军队与工人运动联系起来。聂荣臻的回忆，意味深长地道明了两者之间的因缘：为什么要将南昌起义提前通知少奇呢？就因为他做了大量的铺垫和发动工作。

之后几十年间，父亲与国防、军事、军队的关系日益密切、终其一生，他为民族独立和人民解放奋斗不息、舍生忘死！刘少奇，为人民军队的创建和壮大，为根据地的创立和扩大，为人民共和国的建立和建设，作出极其突出的贡献，被誉为文韬武略，功勋卓著！

聂荣臻

低潮撑持　忍辱负重

　　父亲极少对家人讲述自己的经历。他总是说：不要从我的过去了解我，要从现在和将来了解我。1967 年春和夏，我们父子相处的最后两段日子，他被隔离监禁，我被特许出入，为简单照顾他的生活，我成为唯一在他身边的亲人，也是唯一能与他独处交谈、又无可忌惮被牵连的人了。他很想知道社会上的质疑，也愿回答询问。遗憾的是，16 岁的我懵懂无知，对所闻死记硬背。仅凭少年强记，不舍经年捉摸，按图索骥、补学旧史、寻求新解。漫忆中，穿插点缀了一些他的叙述。

　　1927 年 10 月，父亲化装成水手从庐山潜回上海，找到中共中央。❶

　　此时的中国共产党，基本由二三十岁的年轻人组成。局势异常混乱，内外极端复杂，身处残酷险境，我党非常幼稚。几十万革命者惨遭杀害，❷ 激发出巨大仇恨，上下同批

---

❶ 中共中央文献研究室编：《刘少奇年谱（1898—1969）》上卷，中央文献出版社 1996 年版，第 74 页。

❷ 宋平对笔者回忆，在他十岁时，亲见山东县衙前，一次就砍杀几十名烈士，血腥残暴，触目惊心，记忆犹新。

（陈独秀）右倾投降主义，集体趋同"左"倾冒险主义，❶ 到处发动起义暴动、"飞行集会"，更招来不必要的损失。而局势险恶，敌我难辨，又导致关门主义，不联系广大群众，不联合中间势力，拒绝必要的妥协。

父亲对国民党的背信弃义切齿憎恨、义愤填膺，但冷静分析形势，他认为革命处于"低潮"，"依城市看来是低落的趋势"，一些"乡村看来是高涨的……但还不是有意识的行动，只是波浪式的而非潮流的"。所以，应采取低潮时的保全防卫，反攻也是防御性的。他提出，中央对暴动要有适合工农群众的纲领，"对暴动的军事计划而以为是军事投机，这是中央的错误认识"。1928 年 2 月 19 日，中央临时政治局特别会议认为，"刘少奇的……革命潮流低落的观点，如不改正是大成问题的"。❷

批评归批评，干事归干事。父亲向我叙述：白色恐怖中，安源是被封锁的重中之重，中央的党费来源成了大问题。为送大批主要领导赴莫斯科开"六大"，急派刘少奇"以全国总工会特派员身份""参加全国铁路总工会领导"，到长辛店铁路工厂（原党费第二大来源）和京东唐山路矿（原党费第三大来源）催缴上解党费。以前，这些经费多半返还"北方党"自用，此时中央急调，引起顺直省委不满，从政治上反中央，又闹经济主义截留扣款，甚至明抢暗夺财物。

---

❶ 右倾投降主义，主要指过于信赖国民党，放弃本党原则性等。"左"倾冒险主义、关门主义，都是党史上公认的定义，可详细查阅。

❷ 中共中央文献研究室编：《刘少奇年谱（1898—1969）》上卷，中央文献出版社 1996 年版，第 74—76 页。

3 月底，中央干脆授权正在当地交涉的刘少奇，同时以"中央委员指导顺直省委工作"。

令我印象颇深的是，父亲多次讲到党和军队的经费等"物质基础"。至今，正史上鲜见这方面的论述，除了查访共产国际的部分资料外，国内党费和军供，各种来源与开销，仿佛空白。我们常说：物质决定精神，存在决定意识。关注和挖掘这一重要方面，或许可帮助我们理解当年的许多情况，开辟研究的新领域。为此，下文几处还将涉及，不再提示。

回到当年，顺直省委包括北京、天津、河北、山西、察哈尔、热河、绥远、豫北、鲁西和陕北等广大地区党组织。

中国的北洋政府，是国际承认的合法政府，长期被直系、皖系、奉系军阀窃取占据。当时，张作霖统治了黄河以北，对抗国民党北伐，自然更激烈地打压共产党。

置身北方的中共，没有"南方党"的"国共合作"大发展期，群众运动受限，党内清谈多、实干难。仅 1928 年前一年多里，就数次遭破坏，半年中党员总数从 3000 名锐减至 1024 名❶，领袖李大钊的英勇就义，激励了革命精神，却留下党内领导空白。加之共产国际挑剔中共领导层的成分出身，各级组织大量换上工人当领导，"幼稚的党换上无知的头儿"，"变成清谈俱乐部，不做任何工作"，空谈主义更加盛行，形式主义大行其道，无原则纠纷层出不穷，"可以说是几年来各种落

---

❶ 中共中央文献研究室编：《刘少奇传（1898—1969）》（上），中央文献出版社 2008 年版，第 101—105 页。——1928 年 6 月"六大"时宣布全国 4 万名党员。

伍分子的集堆"， 思想极度混乱，组织极端涣散。

父亲到顺直艰难地开展工作。他反对冒险又克服关门，提出要真正发动群众、吸引群众跟随党，必须打抗日的旗帜。

1928 年 4 月，蒋（介石）、冯（玉祥）、阎（锡山）、桂（李宗仁）"二次北伐"。5 月 3 日，民众欢迎北伐军进济南，日本驻军公然屠杀几千中国军民，制造了著名的"五三惨案"，全国震怒。刘少奇顺势安排工作，为省委起草发出"十五号

1928 年 3 月，刘少奇受中共中央委派，从上海到达天津，以中华全国总工会特派员身份，参加全国铁路总工会的领导工作；同时，作为中央委员指导中共顺直省委的工作。图为中共顺直省委旧址。

---

❶ 刘少奇：《怎样改造顺直的党？》（1928 年 11 月 16 日）。

通告"，宣传群众，做暴动准备，预置力量。他一贯反对仓促盲动，强调低潮防御必须要有"适合的纲领"和"军事计划"，被批在前。此时，却又怪异地被中央领导指责为"有盲动趋向"。**①**

6月，张作霖与北伐军对战失利，败北退回"满洲"，在皇姑屯被日本关东军炸死。张学良一怒之下宣布"东北易帜"，国民政府形式上统一中国。

煽动闹经济纠纷的中共顺直省委书记王藻文 **②** 频出糗招儿，带头支持国民党北伐进占京津，导致多级组织争执骤起，"流氓无产阶级把党闹得一塌糊涂……凶横一时，大批流氓投降敌人" **③**。刘少奇严厉批评，制止混乱，力主"快刀斩乱麻"。中央则更为火暴，决定改组省委，撤换书记和常委。

此时出了件事，颇具戏剧性：6—7月，中共六大在莫斯科召开，共产国际讨论中国革命形势时，斯大林说中国革命

---

① 中共中央文献研究室编：《刘少奇传（1898—1969）》（上），中央文献出版社 2008 年版，第 105 页。——1928 年 2 月 25 日，斯大林、布哈林等署名的共产国际决议反对中共的盲动主义，临时中央的主持人瞿秋白和蔡和森多次检讨。蔡和森批评刘少奇，与此有关。见《联共（布）、共产国际与中国苏维埃运动（1927—1931）》第 8 卷，中共中央党史研究室第一研究部译，中央文献出版社 2002 年版，第 48—50 页："蔡和森同志（六大前）来到莫斯科时，已经意识到了党组织盲动主义的危险性，彻底站到了"正确的"政治立场上"，被"选入政治局和书记处"。——后因盲动错误被除名。

② 京绥铁路工人，1922 年 10 月罢工，带"敢死队"卧轨取胜而闻名。1924 年入党。

③ 刘少奇：《怎样改造顺直的党？》（1928 年 11 月 16 日）。

现在"不是高潮，是低潮"。李立三则辩解，还是高潮，还有工农斗争。斯大林反驳："低潮时也有浪花"❶。斯大林这话几乎与父亲的说法一样。斯大林的话几近"圣旨"❷，会上批判了瞿秋白的"左"倾错误。作为中央委员的刘少奇没能上会，正在顺直省委苦斗，"六大"将他的"低潮问题"一风吹。因改组省委、撤换书记，父亲被中央任命为"特派员，代行顺直省委职权"的同时，被"六大"（取消监察委员会、设立审查委员会）选为中央审查委员会委员，后当选为该委员会主席（另记载为书记）。❸

1928 年 11 月 16 日，刘少奇署名赵启在中共顺直省委内部刊物《出路》上发表题为《怎样改造顺直的党?》和《"客观的环境很好，但是党没有出路?"》的文章。

---

❶ 李维汉：《回忆与研究》（上卷），中共党史出版社 2013 年版，第 176 页。

❷ 《周恩来对斯大林同瞿秋白和中共其他领导人会见情况的记录》，见《联共（布）、共产国际与中国苏维埃运动》第 7 卷，中共中央党史研究室第一研究部译，中央文献出版社 2002 年版，第 477—482 页。

❸ 中共中央文献研究室第二编研部等编：《刘少奇大辞典》，中央文献出版社 2009 年版，第 25 页。

然而，才下眉头，又上心头：斯大林否了"高潮"，中共中央就换成"两个高潮之间，促进新革命高潮"的口号，特别强调"指导机关的工人阶级化"。❶被撤换的省委书记王藻文，同时却当选中央委员。他先在莫斯科操控，10月挑起京东党组织向中央"请愿"抗议，后又带头闹得新省委工作停止，"毫无顾忌的闹起来。愈闹愈糟，愈糟愈闹的厉害，到现在顺直的党闹的不像样了"❷。为制止清谈纠纷和派别乱闹，"代行省委职权"的刘少奇，暂停京东组织活动，❸并针对"玉田起义"失败后的消沉，做工作以抗日凝聚，❹转向为起义暴动奠基。

须知，那是在"七七事变"前九年，比1931年"九一八事变"还早三年。父亲就提出："在军队中做组织与宣传工作，在工农群众中做军事组织与训练工作，实在是本党最严重的任务……争取广大士兵群众参加革命是最主要的军事工作"❺。必须让民众看到日军对满洲、山东以至华北的吞并企图，特别是在京东地区（天津、塘沽、唐山一带），抗日的主张最能凝聚人心。多年后的抗日战争时期，在山东多地起

---

❶ 《职工运动决议案》，见中共中央文献研究室、中央档案馆编：《建党以来重要文献选编（1921—1949）》第5册，中央文献出版社2011年版，第434—436页；《萧劲光回忆录》，当代中国出版社2013年版，第34、35页。

❷ 刘少奇：《怎样改造顺直的党？》（1928年11月16日）。

❸ 中共中央文献研究室：《刘少奇年谱（1898—1969）》上卷，中央文献出版社1996年版，第78—81页。

❹ 李运昌叔叔晚年时，几乎每次见我都回忆顺直省委时期父亲动员抗日等事。

❺ 中共中央文献研究室编：《刘少奇年谱（1898—1969）》上卷，中央文献出版社1996年版，第87—88页。

义和冀东（京东）大暴动（又称"冀东大起义"）中，在创建的根据地和解放区里，才验证出刘少奇的先见之明、先行之远。

白区工作，不似沙场，也是战场！外间，不计其数的烈士被砍头枪杀；内里，没完没了的上下争闹纠缠。可想父亲当年奋斗之凶险与艰难。

吾谋适不用，只缘知音稀。1928 年 11 月，中共中央连续发出《告全体同志书》❶和《中央通告十九号》❷，强调"职工运动是党的最主要的群众运动"，必须"坚强党的阶级基础……树立无产阶级的领导地位"。因换掉原省委书记引发的"京东问题"，中央政治局认为：中央的路线正确，方法不足，严厉批评父亲的"快刀斩乱麻"，"在工作中有取消主义的观念，在工作方式上有命令主义的错误"，❸并接受"请愿团"的诉求，恢复京东组织活动，开会重选省委等。

刘少奇立表"坚决不赞成"，在承认自己"缺乏说服精神"的错误后，认为实际状况已陷于"极端民主化"和"闹经济主义"，中央的指示"实在是暗示……更大更多的纠纷……

❶ 中共中央文献研究室、中央档案馆编：《建党以来重要文献选编（1921—1949）》第 5 册，中央文献出版社 2011 年版，第 709—713 页。

❷ 中央档案馆编：《中共中央文件选集》第 4 册，中共中央党校出版社 1982 年版，第 454 页。

❸ 中共中央文献研究室编：《刘少奇传（1898—1969）》（上），中央文献出版社 2008 年版，第 114 页。——"取消主义"指撤掉原省委书记后，京东党组织"请愿"，省委工作不成，代行省委职权的刘少奇，停止京东组织活动；"命令主义"针对动员山东、京东抗日。中共早期用词，多是学苏联发明的词汇。

爆发，客观上会使顺直党的纠纷更加发展"，外杀内斗，如临深渊！

中央坚持开会改组省委常委，开除王藻文的中央委员，❶ 父亲做检讨。之后，"决定刘少奇调上海工作"❷。

彭真

对这一段混乱的情况、矛盾的决定、含糊的评价，我查了许多资料，一头雾水、整不明白。彭真（原名傅茂公）叔叔当年任顺直省委常委兼组织部长，我去拜望，直面诉苦。老人家说："我们一直就没讲明白，你怎么能看明白？"看我尴尬的傻样儿，他让我查阅周恩来1943年的多次讲话，说刘少奇、任弼时、陈云和他本人，可能还有罗迈（李维汉）、康生都在场，应视为党中央的当事人都认可的结论，肯定是中央批评处理错了，刘少奇正确。我寻觅多年，终于看到周恩来的讲话（记录稿）片段，为解答刘少奇、陈云对中央处理顺直省委和"京东请愿团"问题的质疑，专事作说明。大意是：向忠发为主席的中央政治局，以"立三派"的"调和主义"和"宗派主义"（其中牵涉许多领导人）方式，错误处理了顺直问题。❸

"露重飞难进，风多响易沉"。父亲走后不久，王藻文公

---

❶ 因"盲动主义"和顺直省委问题，同时也开除了蔡和森等。

❷ 中共中央文献研究室编：《刘少奇年谱（1898—1969）》上卷，中央文献出版社1996年版，第86、90—91页。

❸ 周恩来1943年11月15日讲话——1943年"九月会议"时，刘少奇、陈云问到处理顺直省委事，周讲清错误处理的来龙去脉。1928年，周恩来（中央常委兼秘书长）奉中央意见前往处理顺直问题。李立三原为中央常委兼秘书长，兼宣传部长左右大事。"调和主义"指无原则和稀泥；"宗派主义"指党内拉帮结伙。

开策动分裂，拉几十上百工人和党员投靠国民党。中共中央不得不急令"红队"采取极端方式"锄奸"！胸中两枪的王垂死报复，王的老婆带引国民党特务警察大肆搜捕共产党，制造了空前的毁灭性破坏。从省委领导到大量党员被捕、顺直省委崩溃，多数组织失联、活动暂停。❶ 几近瘫痪的实践结果，已证明刘少奇是正确的。❷

1929 年 4 月，中央特派员谢觉哉巡视东北后向中央报告："满洲的环境是很好的……我们党的影响非常小，可谓等于零……需要一个有本事的领导者，首先做点斩除荆棘的垦荒工作……"❸ 父亲回上海工作数月，6 月又被派往满洲省委任书记。

按说，在革命顺利发展时，容易忘乎所以，而我党却反而犯右倾投降主义错误；当革命遭遇逆境，应该先保存自己的力量，再消灭敌人，而我党倒过来犯了"左"倾冒险主义、关门主义错误。这在国际共运中，实属罕见。

1929 年初，斯大林开始清算布哈林，展开轰轰烈烈的"反右倾运动"，免除布哈林共产国际主席职务，将其与托洛

---

❶ 刘少奇多次间接叙述过。

❷ 在中共中央白区工作会议（1937 年 6 月）上毛泽东讲话，肯定顺直、满洲省委和上海中央职工部时期的刘少奇"都是基本上正确的"，"应该作出正确的结论"；在六届六中全会（1938 年 11 月）上，毛泽东代表中央正式宣布"刘少奇历来是对的"；在 1943 年"九月会议"前，毛泽东写道："刘少奇同志的见解之所以是真理，不但有当时的直接事实为之证明，整个'左'倾机会主义路线执行时期的全部结果也为之证明了"。——按时间顺序，后面还要讲到。

❸ 中共中央文献研究室编：《刘少奇传（1898—1969）》（上），中央文献出版社 2008 年版，第 123 页。

茨基（1927年已"清洗"）同列为敌。共产国际紧跟整肃右倾，2月8日向中共中央发出重要指示信。3月15日，李立三修订发布《中央通告三十三号》，提出，"反对盲动主义"的同时必须"反对不动主义"！4月10日《中央通告三十四号》更狠批"十足的不动主义"！❶这更加剧了全党上下的

1929年6月4日，中共中央政治局决定刘少奇任中共满洲省委书记。图为中共满洲省委旧址。

---

❶ 中共中央文献研究室、中央档案馆编：《建党以来重要文献选编（1921—1949）》第6册，中央文献出版社2011年版，第28、108—137页。

1929 年 8 月 22 日，刘少奇同中共满洲省委常委孟坚到奉天纱厂了解罢工准备情况时，被厂警逮捕。图为奉天纱厂外景。

思想混乱和行动失措。

中共满洲省委，负责东北（今东三省及内蒙古东三盟等）广大地区的工作，本就基础薄弱，又多次遭到破坏，仅百余名党员。刘少奇指出："自然，白色恐怖与叛徒破坏是重要的原因，但主要的原因，还是主观上这种关门主义与冒险主义的错误"❶。

父亲刚到奉天（今沈阳）不久，出了意外。他与省委二号人物孟坚（孟用潜❷）到纱厂了解罢工准备情况，由于叛徒告密，在大门外被厂卫抓捕。关押十多天后法庭宣判"证据不足，不予起诉，取保释放"，他与死神擦身闪过。这既突显出白区工作事必躬亲的涉险实干，又反映出当时革命环

---

❶ 《刘少奇选集》上卷，人民出版社 1981 年版，第 31 页。

❷ 新中国成立后任全国供销总社副主任，"文化大革命"时因拒绝做伪证，被关押十多年。平反后病逝。

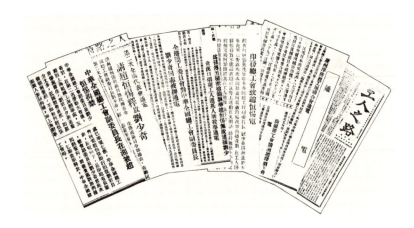

　　1925 年 11 月，刘少奇由上海回长沙养病。12 月 16 日，被湖南省省长赵恒惕逮捕。消息传出后，激起全国各界人民的义愤。湖南、广东、河南等地许多团体，省港罢工工人，全国铁路总工会，国民党第二次全国代表大会等，纷纷发表通电，谴责赵恒惕无理逮捕刘少奇，呼吁各界人民联合起来为释放刘少奇而斗争。图为当时的消息报道。

　　赵恒惕慑于全国民众的威力，于 1926 年 1 月 26 日释放了刘少奇。2 月 19 日，刘少奇到达广州，各工会及各界群众纷纷进行慰问。3 月 3 日下午，中华全国总工会在国民党中央党部礼堂举行盛大欢迎会。邓中夏在会上报告了刘少奇从事工人运动的事迹，称颂他是我们工人阶级"最勇敢的一位战士"。

　　在广州，刘少奇担任了中华全国总工会代委员长，苏兆征、邓中夏等共同主持全国总工会的工作，有计划、有步骤地统一香港、广州的工会组织，领导省港工人进行反帝斗争，支持广东革命政府的各项措施，为北伐战争做了准备。图为当时广州各报刊载的欢迎刘少奇的报道。

境之恶劣严酷。

插段后话：这次经历，与 1925 年国共合作时父亲以全国总工会领导人、国民党长沙地区负责人的公开合法身份 ❶被军阀扣押、1927 年在武汉的"卷旗不缴枪"，本都是刘少奇出生入死闹革命的殊荣奇迹功勋。40 年后，却被污蔑构陷为奇耻大辱的"罪行"。❷新中国的老一辈历史学家吕振羽，"文化大革命"时身陷狱中感怀赋诗："三顶帽子绝代冤，忠奸功罪全颠倒"。作为"中国最大的冤案"载入史册的，其知名度和历史分量，远超刘少奇当年赴汤蹈火的奋斗和事实本身。然而，史实铁定！古今中外，史学界都遵循公正：荣辱分明，毁誉同当——伪证错案的侮辱愈甚，证伪翻案后荣誉愈高。

回到 1929 年的东北，5 月张学良没收了中东铁路，❸为此与苏联发生军事冲突并惨败。共产国际指示发动"武装保卫苏联"运动，7 月 17 日，中共中央提出必须拥护苏联，抗议张学良，不能没收苏联的铁路，要举行大罢工。❹可是，抗议中国人没收中国境内的铁路，在群众中很难做工作。因

---

❶ 1967 年，刘少奇驳斥造反派对 1925 年和 1927 年的"旧案"诬陷时，强调自己当时的合法身份。概括一句话：国共合作时期，作为湖南国民党和全国总工会领导人，刘与赵恒惕、汪精卫对话谈判是正当任务，被军阀扣押和释放全是公开的，怎么会有"投降""背叛"的问题呢？

❷ 黄峥：《刘少奇冤案始末》，九州出版社 2012 年版，第 69—113 页。

❸ 苏俄刚建立时，列宁宣布废除帝俄在华的一切特权，归还中东路。后斯大林认为将铁路归还反动的军阀政府，不利于中国革命。1929 年 5 月，张学良强行接管中东路。

❹ 《中央通告第四十一号》，见中央档案馆编：《中共中央文件选集》第 5 册，中共中央党校出版社 1982 年版，第 328 页。

铁路当局驱逐了苏联的管理人员，自己搞不成，只好又请白俄的原班人马，恢复那套资本主义管理办法，解雇工人、停发"花红"（类似现在的效益分成奖金）等。刘少奇抓住这点，提出"拥护红毛子，打倒白毛子！"把拥护苏联和维护中华民族的根本利益紧密联系起来，发动工人为自身利益，反对失业、争得"花红"，集体怠工抗议，取得成功并保全自身。❶ 当时，无论在东北还是全国，这都是工运中少见的胜利。恰当是，"不以俗厚而易其真"。

父亲主持省委作出《决议》："根据目前满洲客观环境的必要和可能，必须坚决的尽可能的采用公开活动的策略（但须防止合法的公开主义的错误❷），同时与党的秘密工作发生很好的联系"。省委"提出驱逐日本帝国主义"，举起抗日救国旗帜来凝聚满洲民心，感化张学良及其军队。父亲派省委组织部的杨一辰❸，联系东北大学附中学生，支持办好进步刊物《冰花》。1929年11月9日，我党领导在哈尔滨成功组织了以学生为先锋、各界参加的反日大示威，取得了成功，宣传了群众，得到广泛认可同情。更重要的是，保全了自己，发展了组织。❹

---

❶ 中共中央文献研究室编：《刘少奇年谱（1898—1969）》上卷，中央文献出版社1996年版，第97页。

❷ "合法的公开主义"被共产国际和中共中央明确列为右倾错误。

❸ 1927年加入中国共产党，1929年从山东越狱到奉天，1930年后任抚顺、沈阳、哈尔滨书记及满洲临时省委组织部长等职。新中国成立后任农产品采购部部长，中共八届中央候补委员。"文化大革命"时不肯做伪证受迫害。平反后任河南副省长，1980年病逝。

❹ 刘秀华、张旭东：《中共满洲省委史话》，沈阳出版社2013年版，第81页。

省委指示"即刻组织反帝大同盟"，刘少奇派任国桢、饶漱石、赵尚志开展群众工作，还向中央请求派"有能力的代表来公开活动"。很快，在几十处地方建起公开的分会，同时秘密发展党员。[1]这在"白区"还是空前的。亦可谓，"不以道昏而昧其视"。

旗帜卷起、抓枪没变。刘少奇在奉天，就以海军部中校副官身份，住在讲武堂宿舍。他指示省委："夺取敌人军队的下级干部，无论在军事阴谋或在敌人军队建立我们的工作基础，都是有意义的。就在制造我们党自己的军事干部，也有大的作用"[2]。继而在省委成立军委并亲自主持，开展兵运、秘密武装。[3]为此，他向中央去要干部，赵尚志是他要来的，杨靖宇是他指派的，并送他们去上海或省委的培训班学习，"效果作用比较大"。杨靖宇任抚顺区委书记，以前在河南搞兵运暴动，没在白区工作过，父亲交代：你的主要任务还是搞兵运，这你在行。

刘少奇派省委秘书刘伯刚到上海培训，归来后利用我特科地下党人、讲武堂教官赵唯刚[4]联系安排进东北讲武堂当

---

[1] 刘秀华、肖震主编：《刘少奇与中共满洲省委》（送审稿），2017 年 5 月，第 126—127 页。

[2] 刘秀华、肖震主编：《刘少奇与中共满洲省委》（送审稿），2017 年 5 月，第 127、138 页。

[3] 中共中央文献研究室编：《刘少奇年谱（1898—1969）》上卷，中央文献出版社 1996 年版，第 101—103 页。

[4] 赵唯刚（1905—1999），1927 年入党，后任东北军区训练处长、国家化工部设计院副院长等职。刘伯刚（1899—1985），1927 年入党，后任中央对外文委专员等职。

学员，先后发展了十多名师生为中共党员。同时，父亲还派遣多人进入东北军，从事秘密工作。❶ 后来，竟然还在激愤反日的朝鲜侨民中做工作，发展大量党员。

需要强调，以上的成绩是在父亲"光荣脱险"❷ 后，我党极其弱小、内外极端复杂、环境极度险难时取得的。仅仅几个月里，在"影响非常小，可谓等于零"之地"垦荒"，已经收获颇丰了。

然而，正当需要乘势而上，力争再展之时，中央接连催促父亲回上海。党中央主要领导一见就劈面斥责："错得该死，该打五百板子 ❸……中东路争斗（指拥护苏联罢工）可耻的失败，是……指导机关拒绝中央的路线"，就撤了刘少奇在满洲的职务。"中东路争斗失败"，缘于主要领导变节，但刘少奇确实是"拒绝中央的（冒险、关门）路线"，灵活变通利则行、"不合于利而止"："在形势与条件不利于我们的时候，暂时避免和敌人决斗……准备将来革命的进攻和决斗"。❹ 后来看，他确实又对了。

父亲走后不久，满洲省委也遭到毁灭性破坏。成败判明

---

❶ 刘秀华、张旭东：《中共满洲省委史话》，沈阳出版社 2013 年版，第 81 页。

❷ 指上文与孟用潜在奉天被抓，不仅各级组织没遭损失，无人被捕，后来还取得大发展。刘少奇在 1967 年反驳所谓"叛徒"罪名时，指出这点。

❸ 中共中央文献研究室编：《刘少奇传（1898—1969）》（上），中央文献出版社 2008 年版，第 141 页。——严厉打击刘少奇"五百板子"并撤职，估计与陈独秀强烈反对"中东路事件中拥护苏联"口号，被中央批判为"取消主义"，并于 11 月 15 日被开除党籍有关。

❹ 《附录：关于若干历史问题的决议》，见《毛泽东选集》第三卷，人民出版社 1991 年版，第 979 页。

是非。

令人庆幸的，刘少奇打下的基础没有白费。1931年"九一八事变"后，东北军中不少官兵最早拉起"义勇军"抗日。中共东北抗联建立，杨靖宇、赵尚志成为最英勇的抗日将领、最著名的抗日英雄。事实证明，父亲的判断正确，工作卓有成效，为"抗日义勇军"的涌现，为我党领导的抗联在艰苦卓绝中坚持斗争、发展力量，作出可贵的人才储备和战略预置。

如今，历史时期延伸为"十四年抗日战争"，离不开我党早期在顺直与满洲的斗争。刘少奇的远见卓识，更突显出难能可贵；他的领导实践，已成为历史大贡献。

国破山河在，万里眼中明。父亲的所见所为，正契合时机、切合实际，不为军事乎？不亦国防乎？❶ 红区和白区的正确与错误，正是经实践检验出来，由历史选择判定的。

回到1929年的"中东路事件"，张学良在与苏联的军事冲突中惨败，而回收铁路却成功，并得到全国各界支持。斯大林咽不下这口气，打算直接攻取哈尔滨，推翻军阀，建立苏维埃，❷ 并支援武器给中共，以期发动军事行动牵制蒋介石兵力北上。之后，中共中央加速向"左"疾进，1930年2月发出《中央通告第七十号》，可认为是"立三路线"的起

---

❶ 指刘少奇主持满洲省委军委，发动文武抗日，在军队军校发展党员。

❷ 《斯大林给莫洛托夫的信》（1929年10月7日），见《联共（布）、共产国际与中国苏维埃运动》第8卷，中共中央党史研究室第一研究部译，中央文献出版社2002年版，第187页。

赤色職工國際
第五次全世界大會
今日在莫斯科開幕
莫斯科及世界各國將有廣大示威
中國工人代表團劉少奇等二十餘人參加

莫斯科電：赤色職工國際第五次全世界大會於八月十五日開幕，中國工人代表團劉少奇等已經紛紛報到。代表應分不僅有蘇聯及西歐各國，並且遠非洲，澳洲，南洋，日本，美洲之各個國家，均有工人代表參加。中國工人代表計二十餘人，代表中華全國總工會前往參加，劉少奇為主席。中國各地赤色工會中選出的，以中華全國總工會委員劉少奇為主席。現在巴普遍示於全世界。

赤色職工國際的支部，現在巴普遍於全世界。據計所代表之全世界赤色工會會員，計共二千萬人。加入赤色職工國際者普遍崛起。

中國工人代表團在莫斯科的工作，歡迎得非常。因為廣大的蘇聯無產階級，莫斯科的工人，都非常熱烈的歡迎中國代表團，特別歡迎他們報告中國革命最近的狀況。是平每一天，都有許多蘇聯工廠叫他們工廠中去演講，非常偉大的事。現在莫斯科及西歐各大城市中，許多工廠友赤色工會，都招待他們來參觀，報告赤色職工國際十年來奮鬥的經過。「全世界無產階級聯合起來」，「擁護赤色職工國際」的口號，任各猗合場都普遍崛起。

1930 年夏，刘少奇率中国工会代表团赴莫斯科出席赤色职工国际第五次代表大会。在这次会上，他反对职工国际领导人对待中国"黄色工会"策略上的教条主义。他从中国的实际情况出发，认为中国的"黄色工会"和西欧各国的不完全一样。在中国同样是"黄色工会"，但又有其各自不同的背景，应该区别对待，不要不加分析地一概反对"黄色工会"。图为中共中央机关报《红旗日报》1930 年 8 月 15 日关于大会开幕的消息报道。

始点。❶

被调回上海忙碌工作三个月后的 1930 年春夏，刘少奇作为中国工会代表团团长赶赴莫斯科，参加赤色职工国际代表大会，并被选为执行局委员留会工作。父亲提出利用合法

---

❶ 之后，所谓的"李立三致信斯大林要求苏联出兵"，不是没有来由、无缘无故的。

工会（当时贬称"黄色工会"）"来进行我们的工作，广交朋友，争取……下层工人群众"的正确主张，被戴上"右倾机会主义"政治帽子。❶

父亲在莫斯科戴帽挨批时，国内正值"立三左倾冒险主义"登峰造极，要"通过一省或几省暴动夺取全国政权"。从 6 月到 8 月的三个月后，共产国际紧急派瞿秋白和周恩来回国，召开六届三中会议批判李立三，但"左"倾路线没有

在赤色职工国际第五次代表大会上，刘少奇当选为职工国际执行局委员。会后，留在赤色职工国际工作。图为莫斯科工会大厦。

---

❶ 中共中央文献研究室编：《刘少奇年谱（1898—1969）》上卷，中央文献出版社 1996 年版，第 106 页。——"机会主义"是借列宁词汇，泛指错误的倾向。

李立三，1921年加入中国共产党。参与领导安源路矿工人大罢工、五卅运动、汉口工人收回英租界等斗争。曾任中共第五届中央政治局委员和中共第六届中央政治局常委。

纠正。正因刘少奇坚持反对李立三的"高潮论"与"调和主义"（见上顺直省委段），被斥为"老右"。也恰恰如此，证明父亲果然不谬，非"立三宗派"中人。

那时，中共中央急需经验丰富的老同志担负重要工作。父亲曾被称为"工作过多年……最老的一个同志"（向忠发、周恩来语），鉴于顺直、满洲两省委的兴衰成败，实际上也证明了谁的主张正确，中央任命刘少奇为江苏省委书记，派已被免职的李立三赴苏接替刘。然而，还是赤色职工国际牌子大，不放人。父亲就戴着帽子，襟怀坦荡，努力工作，坚持抗争。而中共中央再三"请求共产国际允许不去莫斯科"❶"暂不到国际"❷的李立三，也不得不挂了个名义赴苏联。

刘少奇与李立三在莫斯科再次相处共事。刚到安源时，同为中共湘区执委、父亲受立三叔叔领导不到半年，他们又共同致力于建立和壮大汉冶萍总工会。以后的革命运动中，李立三在中央领导，他们多有合作，常有争论，坚持己见，熟悉而又独立。此时，刘当"老右"屡屡挨批——作为执行局委员留赤色职工国际；李因"极左"撤职送学——作为中华全国总工会代表驻职工国际。不知道老伙伴能否吵个明白？我揣摩，或许都心知肚明，"眉间心上，无计相回避"？

---

❶ 《中共中央给共产国际执行委员会主席团的信》（1930年8月25日），见《联共（布）、共产国际与中国苏维埃运动》第9卷，中共中央党史研究室第一研究部译，中央文献出版社2002年版，第333—334页。

❷ 《中共中央接受共产国际指示的复电》（1930年9月8日），见中共中央文献研究室、中央档案馆编：《建党以来重要文献选编（1921—1949）》第7册，中央文献出版社2011年版，第392页。

我只知道，老哥俩还挺融洽。新中国成立后，关于工会问题有场争论，刘、李两位最老的工人领袖观点一致，是后话了。总之，他们不徇私情、不计私怨，保持友好。"文化大革命"中，无端蒙难同归——"永结无情游，相期邀云汉"。

共产国际十分不满中共中央在"立三路线"上的"调和主义"立场和态度，❶ 对所谓的"老干部"彻底失望，转而急于换上留苏学生。❷ 党的六届三中全会结束三个月后的1931年1月，由共产国际代表米夫 ❸ "一手导演的"❹ 六届四中全会召开，王明胡乱批判、否定一切，米夫主持，改组中央。估计正因为在红区、白区的"右倾"与"反潮流"（反对关门主义、冒险主义主流），使没有参会的毛泽东（37岁）和刘少奇（32岁）同时当选为政治局候补委员。

令人痛心疾首的是，之后的历史却搬演更"左"的、更惨烈的大悲剧！否极泰来，血腥的炼狱反而造就更雄壮、更辉煌的大事业！

---

❶ 《陈绍禹给米夫等人的信》（1930年12月17日），见《联共（布）、共产国际与中国苏维埃运动》第9卷，中共中央党史研究室第一研究部译，中央文献出版社2002年版，第541页。

❷ ［苏］米夫：《英勇奋斗的十五年》，北方文化出版社1938年版，第66—67页。

❸ 莫斯科中山大学校长兼共产国际东方部长。

❹ 伍修权：《回忆与怀念》，中共中央党校出版社1991年版，第52页。

挺身而出　拼死抗争

"九一八事变"后，在苏联一年多的父亲回国。他后来叙述：因为"工会工作在先……很重要……工会工作只有我做，他们不会做。"❶ 新成立的职工部是中共中央最优先的首席部门，刘少奇任部长。此时，国内绝大多数同志尊崇迷信共产国际。然而，刘见识过"国际"的脱离实际，更反感中共"国际派"的教条。他反复讲，既然是"低潮"就应当防卫，要提出普遍能够接受的口号和任务，合法吸收会员，现在我们赤色工会的人只占全国工人的千分之一，"拘束在极狭小的秘密范围"，应迅速扩大组织。

中共临时中央承认革命处于"低潮"，说正因此才应努力掀"高潮"，"要反攻，现在就进攻、再进攻"，"一切不合作、一切斗争到底"！比李立三的"高潮论"和职工国际的"反黄色工会"还要"左"！今天的人们很难想象：要保护和发展工会，先得在党内斗争，过"中央"这个关口！回国任职仅一两个月，临时中央就多次约谈父亲，做"总

---

❶ 刘少奇：《同朱理治的谈话》（1964 年 10 月 4 日）。

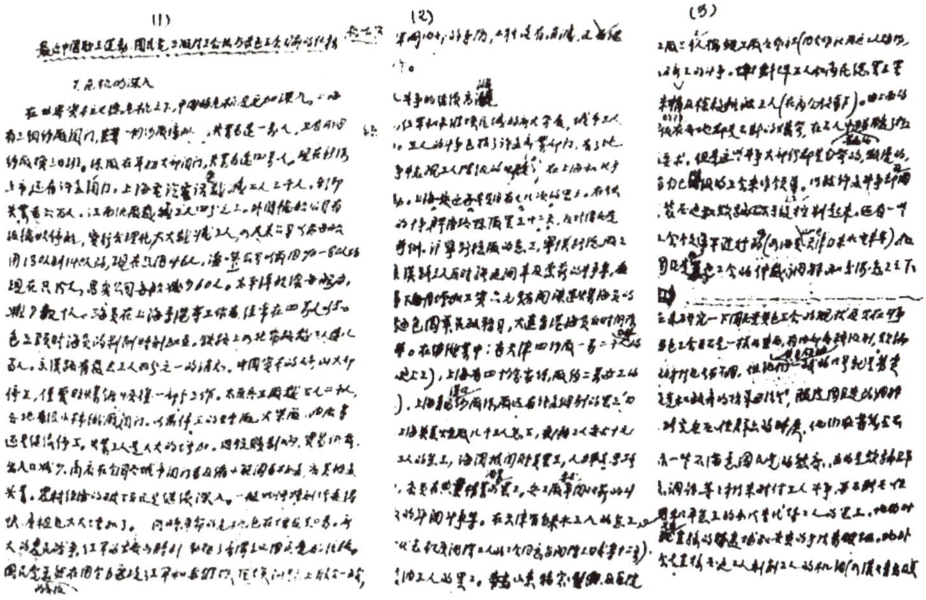

图为刘少奇化名刘祥写的《最近中国职工运动，国民党工厂法工会法与赤色工会目前的任务》一文。文中提出了对待国民党“工厂法”“工会法”的正确方针，指出了利用合法斗争手段的重要性。

的批评”。[1]

几乎同时，在江西瑞金的中华工农兵苏维埃第一次代表大会召开，宣布成立临时中央政府，刘少奇被选为执行委员会委员，毛泽东为政府和执委会主席。

这三年，父亲几乎一直挨批坚持抗争，一直检讨坚持主见，一直拼命坚持工作，戴着“老右”帽子，又屡任要职，与同期在红区的毛泽东，经历颇为相似。

1932 年 1 月 28 日，日军侵犯上海，国民党十九路军奋起抵抗。临时中央坚信“九一八”和“一·二八”是

[1] 中共中央文献研究室编：《刘少奇年谱（1898—1969）》上卷，中央文献出版社 1996 年版，第 109—110 页。

1931 年秋，刘少奇由苏联回国，在上海任中共中央职工部部长、全国总工会党团书记。11月，在江西瑞金召开的中华工农兵苏维埃第一次全国代表大会上，他被选为中华苏维埃共和国中央执行委员会委员。图为大会正在进行选举的情景。

"日本侵略苏联的序幕"，要求上海发动"大规模的总同盟武装暴动"，学苏联搞"中国的二月革命"（苏俄十月革命前有个"二月革命"），高喊"武装保卫苏联"口号，并宣称十九路军军长蔡廷锴为反革命。刘少奇持异议：此时此刻"把挽救中国民族危亡的口号放到第二位"，却要保卫苏联，怎能"走到广大群众中去"，❶ 而在抗日官兵背后拆台，无疑是帮了日军，并提出主要在日本企业抗议罢工，组织全面支持抗日。中央再次斥责刘是"取消派"（投降派之意），严令总罢工、总暴动。❷ 具有讽刺意味的是，高喊口号下令之人，却不懂不会组织罢工，更不敢不会领导暴动。

长飙风中自往来，父亲领导发动工人上战场阵地，成为支持十九路军的主力，又组织起"上海义勇军"❸、抵制日

---

❶ 《刘少奇选集》上卷，人民出版社 1981 年版，第 28 页。

❷ 参见刘少奇：《关于过去白区工作给中央的一封信》（1937 年 3 月 4 日）。

❸ 1931 年 10 月以后，满洲刚开始出现义勇军。

货，搞得有声有色，各方声援。为救济日本企业罢工的工人和家属，在街上搞募捐、搭粥棚，团结群众，扩大影响，宋庆龄首捐2000银圆带动各界支持。临时中央却谴责宋庆龄、何香凝等，"硬要在群众中宣布他们是企图收买工人"❷，严厉斥责"米袋子主义"、太没有工人阶级骨气，命令撤摊退款，决不能吃嗟来之食。刘少奇愤然顶住，坦荡处之，以"经典"回敬"教条"："关门主义与冒险主义，不了解群众经济斗争与政治斗争的联系"，并举马克思名言"群众的经济斗争同时就是政治斗争"。❸

显然，这本为十四年抗战早期国难当头时，我党对民族、对国家的重大贡献，更是"低潮"中，我党肩负起责

1932年上海"一·二八"事变后，刘少奇亲自领导了沪西工人的反日大罢工。图为1932年1月30日上海工人在党的领导下，举行抗日集会，支援十九路军的抗日爱国行动。

---

❶ 中共中央文献研究室编：《刘少奇传（1898—1969）》（上），中央文献出版社2008年版，第157—158页。

❷ 《刘少奇选集》上卷，人民出版社1981年版，第27页。

❸ 《刘少奇选集》上卷，人民出版社1981年版，第30页。

任，发动起社会各界参与救亡，并发展了自己的空前大运动。❶ 例如，与父亲同龄又同乡的田汉和年轻 14 岁的聂耳，就于此时投身上海义勇军，田汉即加入中共，次年发展聂耳入党。1936 年，伟大的《义勇军进行曲》，在"一二·九"运动中唱遍天下。追溯今之国歌，从源头（"一·二八"义勇军）到最初的唱响传世（"一二·九"运动），竟都是在父亲直接领导的抗日运动中。

马克思高呼的千真万确："一步实际运动比一打纲领更重要"❷！

然而，3 月 14 日临时中央政治局召开会议，赵溶（康生）、洛甫（张闻天）、博古（秦邦宪）❸ 却认为"中央职工部、全总（全国总工会）党团（刘少奇任书记）在领导职工运动中，不能执行共产国际和中央的路线，存在着严重的右倾机会主义领导方式"。会议转达共产国际指示，"刘湘（刘少奇）不能担任领导职务"，就此撤了刘少奇的职工部长和全总党团书记，并号召全党"坚决无情的打溃……有害的机会主义路线"。父亲被迫检讨，不停抗争。因无人会搞工运，中央也"不敢开除"刘，❹ 7 月 28 日，索性"取消中央职工部"，并入全国总工会。❺

---

❶ 以上多处可查。中共中央文献研究室第二编研部编著：《刘少奇军事画传》，贵州人民出版社 2009 年版，第 24—27 页。

❷ 《马克思恩格斯文集》第 3 卷，人民出版社 2009 年版，第 426 页。

❸ 在临时中央，康生负责组织部、张闻天负责宣传部、秦邦宪为临时总书记主持会议。

❹ 刘少奇：《同朱理治的谈话》（1964 年 10 月 4 日）。

❺ 中共中央文献研究室编：《刘少奇传（1898—1969）》（上），中央文献出版社 2008 年版，第 162—167 页。

因极其危险又总犯错挨批，临时中央常委卢福坦说什么也不干全总委员长了。多年后父亲回忆："奇怪的是撤了我职工部长的职，却让我作（总）工会委员长。当时他们决定由陈云干（刚接任全总党团书记），陈云不干让我干，他们也只好批准"[1]。

陈云

从 1928 年初到此时，刘少奇几乎动辄得咎。他后来尖锐地激辩："关门主义与冒险主义是一定要把"我们党的组织"弄到塌台的"，不把"群众和其他派别的同盟者完全驱逐出去……是不止的"。[2]

无独有偶，几乎同一时期，1932 年 10 月 8 日，中央苏区召开宁都会议，"集中批评毛泽东主观武断，抗上压下，不尊重苏联顾问等错误"，也免了毛泽东在党和红军的职务，"回家养病"（毛泽东语）。

情与貌、略相似，独自上高楼，望尽天涯路。可见，"白区"与"红区"的路线分歧，都直接与国防、军事和军队紧密相连。

由于顾顺章[3]（中央政治局候补委员，主管保卫和情报

---

[1] 刘少奇：《同朱理治的谈话》（1964 年 10 月 4 日）。——陈云刚兼全总党团书记。

[2] 《刘少奇选集》上卷，人民出版社 1981 年版，第 24 页。

[3] 1904 年生，上海烟草工人，1925 年"五卅运动"中入党，1926 年与陈赓赴苏联学政治保卫，1927 年回国参加上海武装起义，任工人纠察队总指挥。共产国际要求换工人为党的领导，"八七会议"上当选为临时政治局委员，"六大"后为政治局候补委员，负责特科、兼红队队长。1931 年 4 月被捕叛变，大肆出卖，指认恽代英（中央原常委、被捕未暴露）、抓捕蔡和森（中央原常委），导致二人壮烈牺牲，并抓获大量共产党人，被斥为"中共历史上最危险的叛徒"。后在国民党内挑拨离间，1934 年底被蒋介石下令枪毙。

工作）、向忠发 ❶（被共产国际誉为"真正无产阶级领袖"，中央政治局主席、中共中央总书记）、卢福坦 ❷（临时中央政治局常委，主管工运）相继被捕叛变，组织遭到巨损，血雨腥风扑面。还有个致命的大难很少被提及，就是经费断绝：此时，中央的经费主要来自红区苏维埃，多次输送钱款遭土匪"白狗子"打劫，生命的极度危险加经济的极度拮据，迫使临时中央在上海工作不成，所有人员陆续分散

---

❶ 1880 年出生，武汉工人，1922 年入党，与刘少奇同任汉冶萍（安源）总工会副委员长、委员长，1926 年 10 月任湖北总工会委员长（刘为副委员长兼秘书长），与刘同为"五大"中央委员。因共产国际要求工人当领导，1928 年"六大"上被选为中央常委、中央政治局主席。1931 年 6 月 22 日，作为中共中央总书记被捕叛变。23 日，蒋介石手令"即依法枪决为要"。向忠发被处决于上海后，蒋后悔不已。这里多引几句未定史料，供甄别研究。在罗章龙"回忆"里有一段耸人听闻的记载，说王明被上海巡捕房拘获，叛变告密以求宽释，出卖《红旗》机关和李求实住址，敌捣毁机关未抓到人。坐实变节的王明"保证继续效劳报答"以"自赎"，"敌方允许"。接着的一幕出现在国民党中统巨头徐恩曾"回忆"里，明确记载抓捕审讯向忠发的全过程。其中说道："告密的那个年青人"拿了"一笔奖金"后神秘"忽然失踪"。继而导出"借刀杀人"的推断，最有可能出卖向忠发并从中获益的，只有"这些莫斯科归客，因过去毫无工作历史，虽因米夫的提拔，得以厕身于'中央机关'，但实际领导权仍操于原来的老干部之手，陈绍禹年少气盛，目空一切，当然不甘久居人下，于是处心积虑想把现存这批领导人物挤掉，结果便闹出自相出卖的丑剧。"徐老特务的推理虽然专业，却无疑是故意尽贬损之能，作为暗通款曲的专家咬定王明，应还有难言之隐。

❷ 1890 年生，山东工人，1926 年入党，共产国际要求换工人领导后，"六大"上当选中央委员，六届四中全会上当选政治局委员，9 月任临时中央常委，领导工运，任全国总工会委员长。1932 年 12 月被捕叛变，入国民党中统特务机关（后当到股长）。新中国成立后，1951 年被我方捕获关押，坦白揭发康生在 1930 年叛变及营救过程。"文化大革命"中此事泄露，1969 年 11 月康生密令处决于监狱。

转移苏区。1932 年底中共中央基本疏散，1933 年 1 月 17 日博古、廖程云（陈云）最后撤离，❶ 对"白区"的领导几乎全断了。连续五年的"左"倾路线，最终闹到全国白区党组织瘫痪殆尽。

呜呼！"无边落木萧萧下，不尽长江滚滚来"。

1932 年底，全国总工会原委员长卢福坦被捕叛变，与其接触频密、刚接任委员长的父亲，紧急撤离上海。

何葆贞妈妈，1925 年在湖南、1929 年在满洲，曾两次成功营救了父亲，又无数次救出我党的重要领导、大量党员和革命群众，有卓越显绩不扬，有经验人脉常用。此时，作为营救部长（公开身份为全国互济总会副会长）肩负重任的"小大姐"（随安源习惯，中共党内尊称），正值最忙当口，自带两岁多的儿子毅然留下。成功营救出廖承志之时，被敌人盯住，临被捕前，将我二哥刘允若加一把钱塞给邻居工人家。母子俩与父亲，生死两茫茫。

敌人酷刑严审，没拷问出底细，知专事营救，亦钦佩几分。关押至 1934 年秋，身份暴露，年仅 32 岁的何妈妈，坚贞不屈，凛然就义于南京雨花台，被赞为"英勇坚决，为女党员之杰出者"。亡身于外、火红映天，永葆贞女常在；❷ 无愧于内、英魂不灭，大情大功大爱！

新中国成立后，父亲第一次南下故地，带我母亲王光美，

---

❶ 中共中央文献研究室编：《陈云年谱（1905—1995）》上卷，中央文献出版社 2000 年版，第 117 页。

❷ 见南京雨花台烈士纪念馆、湖南刘少奇同志纪念馆、安源路矿工人运动纪念馆、湖南道县故居等。

刘少奇在领导苏区运动中，根据苏区职工运动的特点，强调对职工要进行主人翁思想教育，对企业要实行科学管理。图为他在中共苏区中央局机关报《斗争》第五十三、五十四期发表的两篇文章。

专程凭吊追思英勇刚烈、功勋卓著的"大姐"——何宝珍烈士。

回到 1933 年初，父亲进入中央苏区，到了被称为"小上海"的长汀。苏区的瑞金好比首都，长汀是汀江上的城市，几省交会之处，商业和工业都比较发达，相当繁荣，工人也多。

汀州红浪换人间，楚客常思绘新天。作为全国总工会（苏区中央局总工会）委员长的刘少奇，展开全新的工作。陈云 ❶ 是临时中央常委、总工会书记，他们就在长汀和瑞金进行调查研究，保护工人利益、鼓励苏区工商业发展。例如，确定厂长负责制。苏维埃的厂长和工人是什么关系？劳资矛盾怎么解决？私企劳资关系如何正确处理？这些问题并非在新中国成立以后才提出，陈云、刘少奇从那个时候就已经开始研究、实验。当时，什么都学苏联，根据中华苏维埃法律，工人福利过高，没有企业能办得下去。刘少奇说完全照搬苏联的肯定不行，就报毛泽东、张闻天（人民执委会主席）批准，改了法律。这一段，为多年后的根据地、解放区，为新中国的建设和经济恢复积累了最初的、可

❶ 陈云（1905—1995）。1925 年"五卅运动"中入党，后任上海、江苏多级党的领导。1932 年 3 月任临时中央常委，全总党团书记，1933 年与博古最后撤出上海到瑞金。六届五中全会上被选为政治局常委。之后在诸多关键时期与刘少奇合作，给予大帮助。以后经历任职，可查阅。

贵的经验。

孙子曰：兵"无粮食则亡，无委积则亡"。当时，地方苏维埃和工会的工作，为红军的建设、发展、作战和勤务提供物质基础，直接关乎共产党和军队的存亡。❶

父亲提出："'一切服从于战争'，即是一切服从于工人阶级全体的长久的利益。"❷ 经各方卓有成效的工作，扩大红军运动形成热潮，仅一年左右，就动员了十万多人上前线。今日缅怀当年的老工农红军，绝不能忘掉这么多的工人是主体之首啊！

刘少奇在瑞金、长汀努力组建工农武装。2 月 17 日成

1934 年 7 月 1 日至 4 日，刘少奇在瑞金主持召开苏区国家企业工人代表大会，并在会上作题为《政治形势与我们的任务》的报告。图为《红色中华》刊登的消息。

---

❶ 中共中央文献研究室编：《刘少奇传（1898—1969）》（上），中央文献出版社 2008 年版，第 171—178 页。

❷ 《刘少奇选集》上卷，人民出版社 1981 年版，第 19 页。

中华全国总工会苏区中央执行局旧址。

中央苏区时的刘少奇。

立中国工农红军店员手艺工人师（兼军械修造）；2月27日建立苦力运输工人师（兼军交水陆运输）。1933年8月1日，中国工农红军工人师正式成立，也叫中央警卫师，12800多人全是工人。刘少奇不仅是通过发动工运兵运，组织"扩红"，为人民武装输送力量，他还亲手组建军队——工人师。❶

　　1934年春夏，第五次反"围剿"进入极端困境。危难之际，父亲被任命为福建省委书记。正史记载7月任命，长汀记载是4月已到。❷刘少奇曾任职领导的地方很多：顺直、满洲、江苏省委书记，以至后来的北方局、中原局、华中局、华北局书记。1932年底，临时中央任命刘少奇为江西

---

❶ 中共中央文献研究室第二编研部编著：《刘少奇军事画传》，贵州人民出版社2009年版，第28—31页。

❷ 时任福建省苏维埃政府秘书长的温仰春回忆录记载，刘少奇1934年4月上旬任省委书记。

省委书记，由于交通通信极其不便，他到了江西以后，苏区中央局未免原省委书记（李富春）。刘少奇一看这情况，遂主动放弃。❶ 之后，他就留在长汀搞调查，与陈云一道在全国总工会工作。此前，刘在苏联被任命为白区江苏省委书记，没能到任；❷ 这次，又被任命为红区江西省委书记，到没能任——实为逆旅颠沛奇遇。进入中央领导集体前，很少

---

❶ 此为父亲的含糊自述。但时任湘赣省委书记的王首道，晚年时也向我叙述过几乎相同的情况。近日与李富春外孙李勇核实查询，未果。

❷ 见前文刘少奇在赤色职工国际段。

人像刘少奇一样，在那么多地方打开局面，独当一面——传为建功立业佳话。

父亲向我叙述，因"一·二八"抗日与十九路军并肩战斗，有拼死相助情谊，中央派他到福建省委工作，以掩护秘密任务：联络在福建"围剿"红军的蒋光鼐、蔡廷锴，共同抗日、联合反蒋。中央犹豫反复不定，省委书记又空缺，作为政治局候补委员的他就领导省委工作。数月后，秘密任务撤销，才正式任命刘少奇为省委书记。

在福建省委数月，开始的主要工作是"扩红"、筹粮、运输，给军队输送兵员、运送补给，组织群众的生产生活，

中共福建省委
所在地——中华基
督教堂。

怎么减租查田、分配土地，❶怎么解决劳资纠纷等一系列问题，还特别召集各方合力，派政治保卫大队长吴烈❷会同围战多次的张宗逊，剿灭苦竹山顽劣团匪。

其间，父亲做了件看似不起眼却意义不可小觑的事：划小区域党政组织机构，建立地方武装，普遍成立独立团、营，精兵简政，为适应游击战争、为接下来的敌后坚守，做出预置。

当时，最紧要的是支援前线，组织"扩红"。❸福建老百姓参加红军的人确实特别多，开始出征的时候，好几万闽西子弟啊，百分之九十都牺牲了！离断肠、人未归，今我念英烈，隔世长相思——福建人民为中国革命作出的贡献和牺牲之巨大，毫不逊于江西人民。

中央红军长征前，由福建省委组织指挥的汀州保卫战，英勇卓绝，却湮没于战事频仍，少见于史著经传。具有标志性的叫松毛岭战役。

松毛岭在长汀附近，是中央苏区的东大门，也是最后一

1934 年 4 月，刘少奇被任命为中共福建省委书记。图为在《红色中华》上刊登的罗迈（李维汉）为福建省扩大红军问题给刘少奇的信。

---

❶ 据邓子恢、张鼎丞等零星回忆，刘少奇与当地党政坚持开荒，承包给无地农民。国民党卷土重来决定私有化，当地百姓捍卫"红军田"坚决抵抗至新中国成立，称为农民的"土地战争"。

❷ 安源童工参加红军，后任延安中央警备团长等职，开国少将，后任公安部队副司令，北京卫戍区司令、政委等职。

❸ 中共中央文献研究室第二编研部编著：《刘少奇军事画传》，贵州人民出版社 2009 年版，第 32—33 页。

道山地屏障。8月31日至9月3日，在朱德总司令支持下，林彪、聂荣臻不顾"三人团"短促突击和堡垒战术，诱敌深入二十里，由红一军团的一师、二师和临时配属红九军团的二十四师在山前的温坊夜袭，第二天又伏击敌援兵，共歼敌四千余，是第五次反"围剿"中少见的大胜仗。之后，红一军团奉命转移瑞金（兴国）。有不少专家将此战算作松毛岭战役前段。

20天后，红九军团在山岭间又打阻击战，也多有专称此为松毛岭战役。无论分段还是专称，这是中央苏区的最后一场大战，战役目的就是掩护中央红军战略转移。蒋介石怒杀温坊战败的旅长，严处有关将校，国民党军重兵决死力夺。9月23日，松毛岭主战役开始，战况极为惨烈，死亡枕藉、尸遍山野，战地不愁吃的，老百姓送粮很充足，但所有的水都混着血、漂着尸，全打红了，没法儿喝。此役激战七天七夜，是红军长征前空前壮烈的一仗，牺牲了近万人，"鼓角临风悲壮，烽火连空明灭"。最后阻击的红二十四师，基本打没了才撤下来。9月30日，红九军团前往瑞金。

10月10日，中共中央、中革军委率中央红军启程长征——泪如雨下！为掩护主力转移，福建省委组织的汀州保卫战（包括松毛岭战役），由红二十四师一部同地方武装，仍顽强坚守至11月。国民党军队蜂拥而入——血流成河！

无论在山前的温坊，还是在山间的松毛岭，作为省委书记，刘少奇不仅组织运粮、补给弹药，还亲自调遣组织了近万地方武装（赤卫队）配属红一、红九军团作战。临战时，父亲受命任红九军团中央代表，直接领导、参与战役

指挥。❶

　　硝烟散去，部队打没了，时任领导，如今走光了，万千烈士尸骨散落漫山遍野，当地村民几代口口传颂。据国家民政部门统计，中国共产党闹革命牺牲的 2000 万英烈，留下姓名的约 700 万，绝大多数无名。为了前仆后继的先辈，为了念念不忘的百姓，我们后代军人，能否下力考证，在正史上哪怕多记几笔呀！于今和平美好的生活中，永远牢记无名的英烈们！❷

　　现在，反映红军长征的文史资料和文艺作品海量！依我看，其艰险、其困苦、其英勇、其惨烈仍远远没有表现出来。幸得 2016 年的《绝命后卫师》《湘江战役》总算反映了片段，主要集中在截肠决战的英雄豪气，而其巨大损失和教训怎么尽现？特别是松毛岭战役、湘江战役、西路军浴血河西，这样的硬仗、恶战如何再现？确需思考创新，仅知古人云：圣代无隐者，英灵尽来归。

---

❶　关于松毛岭战役和汀州保卫战，笔者到实地考察，咨询当地同志和湖南刘少奇纪念馆馆长罗雄同志，与军事科学院军史专家核实部分记载，浓缩概括讲述。刘少奇任红九军团中央代表确切时间，记载稍有差异。见王双梅：《刘少奇在长征中》，《党的文献》2017 年第 1 期。

❷　2017 年，中央党史研究室和军事科学院已立项，将松毛岭战役列为重点课题。

全程长征　绝地逢生

前面讲到的中央警卫师，又叫红军工人师。工人阶级是革命的领导阶级，当时普遍认为工人是劳动阶级中最有觉悟、最有纪律、最富牺牲精神的可靠力量，这个师的装备也好。因为大量的骨干纷纷被外调到作战部队、领导机关和负责干部身边，加之反"围剿"的战斗减员空前，中央警卫师成立也就半年，员额所剩已不足三成。1934 年 2 月 28 日，军委将其改编为红二十三师。

长征前的 9 月 21 日，军委颁布命令成立红八军团，由红二十三师（红二十四师已配属红九军团作战）和红二十一师组成，共 7000 余人（也有说 3000 多人）。由于我父亲一手组建了原警卫（工人）师，中央匆忙调他火速回来组建红八军团。

松毛岭战役打到一半，中革军委 ❶ 急电刘少奇（福建省委书记、红九军团中央代表）、罗炳辉（红九军团军团长）、蔡树藩（红九军团政委）回瑞金。派刘赶到红八军团；告罗、

---

❶ 全称"中华苏维埃中央革命军事委员会"，简称"中革军委""中央军委""军委"等。

蔡中央已定红军"战略转移",命令死守松毛岭,"争取时间","掩护主力"。刘、罗、蔡即速返火线。❶松毛岭大战正酣,战阵指挥员集体回朝听令,而且是如此命令,令人匪夷所思!

刘少奇立即动员江西、福建几千子弟补入红八军团,有资料记载出征时该部共 11000 人(也有资料记载是 7000 多人),可只有 3000 支枪。长征开始后的 10 月 22 日,刘少奇被任命为中央代表,领导红八军团。❷

这里稍加说明,现在没有中央代表这一职务。中央代表代表中央,要比军团长和政委高一些,一般都是政治局成员。当时,中共中央政治局成员少,许多重大会议❸明定,候补委员有表决全权。

长征初期,红五、红八、红九三个军团殿后,负责阻击尾追的国民党军。这种仗最难打,无后援、多牺牲、难撤退。此时,更打得残酷而又混乱:前面军团顺利突破几道封锁线,中间人多路窄走不动,尤其是大量辎重拖累、举步维艰,阻击战打成大灾难!红八军团本就是新兵多、枪械少、战力弱,打阻击的牺牲难以计数,让谁去打,基本就是告别了,即使活着也很难追上队伍。回首征战地,不见有人还,就这样走了上千里啊!八军团折损惨重,加上掉队、跑散

甬道阵形全拥堵,
阻击追敌更酷残

---

❶ 也有说法,此时才任命刘少奇为红九军团中央代表,与罗、蔡同回松毛岭。直至撤回瑞金后,才赶到红八军团。

❷ 中共中央文献研究室第二编研部编著:《刘少奇军事画传》,贵州人民出版社 2009 年版,第 35—38 页。

❸ 如遵义会议、瓦窑堡会议等。当时,"六大"选出的中央委员只剩八九人,政治局成员更分散。

担任后卫任务的红八军团，于1934年10月8日晚奉命从兴国县古龙冈西北地域撤离战场，经雩都县银坑，开至兴国县南部的社富集结，休整补充。图为红八军团渡雩都河渡口之——雩都县孟口渡口。

"抬着棺材"打硬仗，辎重拖累行路难

的，减员过半。

11月17日，中革军委下令：红八、红九军团各合并成一个师，由刘少奇负责组织红八军团的改编。❶那时候，晚上走路、白天打仗，收拢掉队的、追寻逃跑的、照看物资的、安置伤员的，成了一锅粥。这期间，又蹦出个罕见的荒诞命令：红八军团全部改为辎重部队（就是挑夫），必须追上前方部队。走走打打，突然敌人追上来、插进来，成连成排的士兵和民工挑夫或遁入山林、或就地被俘，官找不到兵，兵找不到官，乱中无编可整。❷此时，接朱德总司令急电：丢掉辎重，轻装赶往湘江。❸部队边打边退，境况可想

---

❶ 中共中央文献研究室编：《刘少奇年谱（1898—1969）》上卷，中央文献出版社1996年版，第137页。

❷ 刘少奇简述，博古叙述。

❸ 时任红八军团后勤供给部长的左叶（原工人师副官长）回忆，刘少奇先几次命令抛弃辎重，并向中央说明，得到回复。途中还遇到少共国际师炮兵、步兵几个连等，收拢一并赶往湘江。

而知。

　　渡江片段，陈云叔叔有生动的回忆。上面讲过，他和我父亲，在白区和红区共事，按现代词儿叫"搭过班子"老熟人。刘少奇（37岁）赶到湘江渡口，巧遇时任红五军团中央代表陈云（30岁）。刘说：我们部队差不多打光了，就剩千把人。你这儿有吃的吗？我两天没吃饭了。陈马上把自己的口粮给了刘，叮嘱一边过江一边吃，眼看就顶不住，一旦炸桥沉船，就渡不过去了。此时，渡口两岸到处是死伤官兵，湘江上顺流漂着活人死尸，惨绝人寰！两位老战友，在连天炮火、厮杀呼喊中，心情会多么凝重悲愤！战罢，当地百姓"三月不饮湘江水，三年不食湘江鱼"。陈云叔叔晚年还多次感慨，对这一段记忆特别深刻，那是最危难、最凶险的时刻呀！ ❶

情势万分危急急处，
轻装冲向生死关

中央红军在突破最后一道封锁线的湘江战役中，与国民党军队苦战七昼夜，遭受重大损失，由出发时的8.6万人已锐减到3万多人。这是博古、李德实行逃跑主义所造成的严重后果。图为湘江。

---

❶　陈元叙述。

终老追念，领袖常共英魂语；临水涕零，晚辈投书赠湘江。

过江后的 12 月 1 日，协助军团长指挥工作的张云逸与政治部主任罗荣桓统计，整个红八军团仅存 600 余人，加挑夫也不足千。奇迹般的，居然还带过来百余担珍贵文件和银圆！❶

中央红军出发时 86859 人（内含民夫 5000 多人），湘江一战后，清点人数仅余 36919 人。❷ 红八军团几近全军覆没，刘少奇幸亏接朱总司令命令赶到湘江边，幸亏碰上陈云给了口饭促他过江，不然命就没了。多少个幸亏，可谓九死一生啊！

红军途经何葆贞的故乡湖南道县，父亲才确知，何妈妈已英勇就义于雨花台的萧瑟秋风中。历尽危难、百般磨砺，处此境地、得此噩耗，刘少奇受到的冲击，会有何等的剧烈！恐怕任何人，都绝难承受。

12 月 13 日，中革军委决定，撤销红八军团并入红五军团。父亲接替陈云任红五军团中央代表。❸

红八军团是长征中唯一几乎全部打光，不得不撤销番号的军团，其经历人间地狱般的战火、今人实难以想象，曾感受人性极端化的扭曲、前人已不可言喻，每想象人心再造式

罗荣桓

湘江水畔陷血泊，
五万将士尽失亡

---

❶ 刘少奇讲述，多次烧过普通和无用的文件档案，下令抛弃无用辎重，留下主要文件与银圆。

❷ 博古笔记。

❸ 中共中央文献研究室编：《刘少奇传（1898—1969）》（上），中央文献出版社 2008 年版，第 184 页。

1935.1.13.周恩来致刘等电

—— 关于(李)卓然(刘)少奇·1十四日赴遵义开会通知

朱杨、少奇：

十五四团的场所全数，你们在十四日回到本

遵义城

恩来·廿四号

周恩来通知刘少奇等参加遵义会议的电报。

的升华、后人却无法妄度。我试着观察品味那些抢渡湘江、挺过长征的人，他们身上，眉宇之间，都有一种大从容气质、大无畏精神！

不久，召开遵义会议。父亲在军事路线上完全拥护毛泽东，尖锐地批评博古、李德和王明，❶第一次在中央会议上提出"八七会议"以来中央的"政治路线错误"。❷因这显然会追究到共产国际，而当时最紧迫的是拨正军事路线、解决军事领导问题，会上无人呼应刘。有一段出自博古的重要回忆：

"第三天的会议仍由博古主持……一直没有吭气的刘少奇发言了，他要求中央全面检查四中全会以来，特别是五中全会后，对白区的工作重视程度，以及在白区党的路线是否正确。刘说：我认为在白区拒绝与民族资产阶级合作，拒绝与小资产阶级联盟是'左'倾关门主义，多次指示白区的中

历尽炼狱多锻造，
何惧生死与险难

---

❶ 刘少奇从军事路线错误追究到王明的政治路线错误。王明没参加长征，此时在苏联。

❷ 王双梅：《刘少奇在长征中》，《党的文献》2017 年第 1 期。

共地下党要积极组织城市罢工、罢课、搞暴动，以支持苏区的反'围剿'，缓解苏区的战争压力，是'左'倾冒险主义。这都是'左'倾本位主义在政治路线上的错误表现。对刘少奇的发言，毛泽东、张闻天、王稼祥都不表态。因为他们知道在政治路线上，临时中央的政策都出自共产国际，博古只是跟着共产国际路线后面，亦步亦趋罢了。如果说现在提政治路线上犯了错误，那斗争的矛头所指就不是临时中央，而是共产国际了。这可是个组织原则问题，而且导致共产国际的反感，不承认或者不批准这次会议最后得出的结果。所以他们全都避而不谈政治路线。"

这段叙述，绝非为刘少奇佐证表彰，明显替博古推脱卸责，甚至对毛、刘等人还似有微词，显然来自博古忆述，谁愿意凭空编出？这也恰与毛泽东的后话意思合拍。

1935 年 1 月，刘少奇出席在贵州遵义召开的中共中央政治局扩大会议即遵义会议，在会上支持毛泽东的正确意见。图为遵义会议旧址。

实践证明遵义会议的抉择非常明智。毛泽东后来讲道，"为什么不能提出路线问题？就是要分化他们（王明）这个宗派，这是我们打祝家庄实行内部分化的一幕"❶。"遵义会议只集中解决军事路线，因为中央在长征中，军事领导是中心问题。当时军事领导的解决差不多等于政治路线的解决"❷。

遵义城头曙光现，
坚定力挺毛泽东

毛泽东这段"不能提出"的话，恰恰反证当时有人提出。谁提出过？1943年"九月会议"期间（毛主席讲上段话几天前），刘少奇多次讲政治路线问题，追述遵义会议的巨大意义，"缺点是未从思想上解决问题"，并讲到他提出过路线问题。❸"文化大革命"时，见大字报上传抄毛主席讲话，说刘少奇曾在遵义会议上支持他，并指责王明、博古在白区的路线，还说洛甫（张闻天）、王稼祥都立了大功，不能一概否定。我看后如获至宝，奔回家速告父母。父亲对我们母子多人明确承认，在遵义会议上他提出过，说毛主席早就与他一样认定了"错误的政治路线"，并肯定毛主席是对的，那时不可能解决。

综上叙述，我理解父亲的意思是：遵义会议"未从思想上解决问题"，自然不可能解决"路线问题"。对路线错误，他与毛主席的认识完全一致，横竖迟早要提出。当时，从损失殆尽的白区工作检讨，应有共识，不太敏感。从实际效果

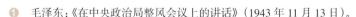

❶ 毛泽东：《在中央政治局整风会议上的讲话》（1943年11月13日）。

❷ 中共中央文献研究室编：《毛泽东年谱（1893—1949）》（修订本）中卷，中央文献出版社2013年版，第480页。

❸ 刘少奇：《在中央政治局整风会议上的讲话》（1943年11月6日）。

上看，虽欲速不达，但以声讨白区的路线迫击红区的严重错误，却强力促进了军事问题的解决。毛主席说"不能提出"，并非认为提出的内容不对，而是从策略角度考虑，要"实行内部分化"，不排除这中间有灵犀默契。历史已展现出，毛主席说得对，应集中解决军事路线、军事领导问题，事实上，"差不多等于政治路线的解决"。

军事领导，主要是由战争铁律、由实战结果来决定：谁能打赢、走向胜利，谁能把军队带出绝境，谁来领导。然而，政治路线，只好留待一步步解决，多经波折才逐步导正。

关于父亲是否在遵义会议上提出路线斗争问题，二十多年前就有专家先声争鸣，并托我问过杨尚昆主席。❶ 说实在话，我当时没太在意。因为已考证公认，在遵义会议前，刘少奇就多次抗争中央的"路线错误"，直至"白区"党组织损失殆尽。长征之后，最早在中央提出"错误的政治路线"，正是刘少奇给张闻天写的多封信，仍是从声讨白区过去的错误开始。而首先在中央会议上正式对阵亮明，还是刘少奇作白区工作会议主旨报告开题，毛主席关键的长篇表态定准基调，"开明君主"（毛泽东语）张闻天作总结，肯定父亲正确。无论如何，刘少奇都算"始作俑者"，谁先提出，并不排斥他人的先知先觉。相反，刘少奇肯定毛泽东在遵义会议前早就与他一样认定了"错误的政治路线"，后经多年实践检验，"使大家觉悟成熟"（毛泽东语），"从思想上解决问题"（刘少奇语），逐渐统一了认识。直到遵义会议十年后，才通过

---

❶ 原中央文献研究室二部的王双梅、黄峥都促我问清。

《关于若干历史问题的决议》，正式确立了政治路线（包括"红区"和"白区"），❶ 并由此开辟出中国革命史上焕然一新的光辉篇章！

遵义会议之后，父亲先返回红五军团传达会议精神，又按要求到红三军团传达。1935 年 2 月，中央命令刘少奇就地任政治部主任。❷

红三军团的军团长是彭德怀，政委杨尚昆，父亲任政治部主任，也没说是中央代表，应该是服从军团长和政委的。杨尚昆主席晚年时见我说："我跟你父亲非常熟，在莫斯科，他留学比我们早好多届。1930 年他在莫斯科开国际职工大会并留会工作，我跟随他，实际上相当于秘书翻译。我从苏联回来就在中央职工部，他是部长，我当职工部的宣传部长。以后我在许多地方就给他当副职或受他领导"。我说："红三军团的时候您是政委，他是政治部主任，您也领导过他。"老人家说："那时候我留在红军总政治部任副主任，他到三军团后我就没去过。少奇是政治局成员，他实际上是彭总和我的领导。虽然没有明文通知是中央代表，但长征期间还有什么文件不文件的呀，就是一句话嘛。不久，中央成立筹粮委员会，他当主任，我是副主任。"近来，我看《杨尚昆回忆录》，其中确有些蹊跷，似是说与"会理会议事件"有关，此处有真意？耐人寻味。简要说，会理会议前，林彪不满毛泽东的军事指挥"不走弓弦走弓背"，要推举彭德

---

❶ 后文按年代、事件还会多次提示讲到。

❷ 中共中央文献研究室编：《刘少奇年谱（1898—1969）》上卷，中央文献出版社 1996 年版，第 140 页。

怀替换毛泽东。林通过电话提议，彭当即拒绝。在1935年
5月的会理会议上，这件事被捅了出来，毛泽东当场狠批了
林彪。彭德怀始终坦荡无言。刘少奇因故没有参会。不想，
1959年"庐山会议"上，毛泽东旧事重提，还是对彭德怀
很生气。❶有兴趣者可查阅相关著述。其实，革命战争年代，
无论谁领导谁，都很正常。

1935年6月26日，在两河口会议上，刘少奇坚决支持
周恩来提出的红一、红四方面军北上川陕甘，并主张向部队
说明南下之弊、北上之利。刘少奇出席8月4日的沙窝会议、
9月2日的巴西会议和9月12日的俄界会议，强调"党对

1935年6月，
刘少奇出席在四川懋
功以北两河口召开的
中共中央政治局会
议，讨论红一、红
四方面军会合后的
战略方针问题。图
为两河口会议旧址。

❶ 《杨尚昆回忆录》，中央文献出版社2001年版，第133—137页。

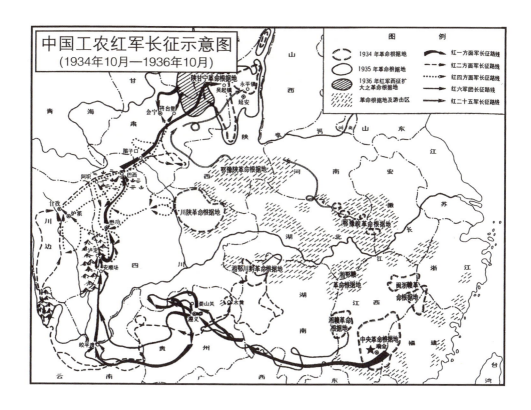

中国工农红军长征示意图
（1934年10月—1936年10月）

图 例

1934 年革命根据地
1935 年革命根据地
1936 年红军西征扩大之革命根据地
革命根据地及游击区

红一方面军长征路线
红二方面军长征路线
红四方面军长征路线
红六军团长征路线
红二十五军长征路线

红军的绝对领导"，支持毛泽东整顿红一方面军的报告，旗帜鲜明地拥护中央反对张国焘❶分裂，主张一、四方面军加强团结等。❷ 这期间，刘少奇还被任命为红军学校的政治部主任，学校随朱德、张国焘、刘伯承到左路军，父亲留在党中央的右路军。

刘伯承

---

❶ 1922 年，刘少奇从莫斯科归来，在劳动组合书记部，由张国焘直接领导。后在安源、广州、上海、武汉时期，仍受张领导。可以说，刘对张极其了解，又极其反感。无论从事业、理论、作风上，还是在情感、心胸、个性等方面都一直顶牛。张国焘在回忆录里也不掩饰对刘少奇的看法。

❷ 中共中央文献研究室编：《刘少奇年谱（1898—1969）》上卷，中央文献出版社 1996 年版，第 140、141 页。

草地——人称神秘的死亡地带。这里没有道路，没有人烟，没有干净的水，没有可食用的东西。草丛下面的河沟交错，沼泽密布，稍不小心就会陷进沼泽。

谁都知道，长征时除了跟围追堵截的敌军打仗，最要紧的是如何解决肚子问题。越往后问题越大，吃什么？从数字上看，自长征出发到过湘江近两个月里，红一方面军折损约百分之六十，主要是死伤跑散的；后一半征程十个月，又损失百分之八十，战斗减员为小头，大部分饿累冻病亡失。父亲到红三军团几个月，翻越雪山，要过草地，7月中旬中央成立了筹粮委员会。❶

自古兵法，专务于兵之首："委积不多则士不行"❷。用兵制胜，以粮为先。草地在藏区，地广人稀，去哪儿找粮啊？

如今，越来越多的人了解：红军所过之处，留下最普遍的传颂口碑是买卖公平，秋毫无犯！——从百姓鸡窝抓只鸡，放块银圆；背走粮，墙上大字写明借与还；开仓放粮，

缺粮之地无米炊，史上最难筹粮官

---

❶ 中共中央文献研究室编：《刘少奇年谱（1898—1969）》上卷，中央文献出版社1996年版，第140页。

❷ 《尉缭子·战威》。

先给赤贫百姓；酒香巷子深的茅台镇，是留下过金砖的。蒋介石听此传报，都感慨系之，严饬各部效法。而这亘古未见的"败走奇兵"是怎么做到的？金条银圆是哪里来的？有多少人深思追问过？

简单两句话：来自苏区的地方党委和苏维埃；留自红军战士特别是红八军团的战士挑夫。长征时多数官兵都领到几块银圆，有的战士直到陕北还揣着这留有体温的光亮救命钱。红军青史留名、有口皆碑的佳话背后，正是实实在在的物质支撑。红军不怕远征难，万水千山只等闲，没有后勤，何以得生？

兵不可一日无食，事关全军生死。中央任命刘少奇当了这么个筹粮官，再次受命于危难。多少年、多少事，哪里最复杂、最凶险、最难办，刘少奇就出现在哪里，担当起重任。那年月与今时代不同，给你个官儿就好当了？受命于败军之际，搏命于危亡之间，任职担责，要挨骂、要冲锋、要丢性命的，要恳求、要铭谢、要报终生的！歃血结拜者，远不止刘伯承伯伯一例；亲访喇嘛寺，现珍藏贺龙伯伯手书大字。❶ 多少年后，毛伯伯和父亲，不知感慨过多少次：最困难时给予帮助，我们欠藏族人民的啊！

贺龙

波澜壮阔的革命年代，刘少奇这样的人多了！挺身而出，大智大勇，舍生取义，敢于担当，历史造就出那一代人，艰难困苦全不论，危难险阻挡不住，出生入死浑不

---

❶ 香格里拉松赞林寺。1936 年，贺龙等率领红二方面军经过，亲临该寺，并题赠锦幛一幅。

懔❶！他们是在实际斗争中成长、九死一生时打拼、大浪淘沙后仅存的一批精英。

后统计，红军一、二、四方面军过草地牺牲了两万多人。草地上，父亲前后招呼部队行进，即时果断下了道小命令：所有女兵分散至各男兵部队，由男兵照顾。❷直至长征结束，红一方面军的女兵一个也没死，全部活了下来！筹粮委主任看似微不足道的小措施，为我们的老红军赢得人人称道、令人自豪的大荣光！

到陕北后，父亲没进延安就代表党中央奔赴北方局。在长征那种特殊的环境中，部队很分散、队伍拉得长，在一个军团，不在一个纵队，互相也不认识。谁走长征谁没走，彼此不太清楚。长征难、行路难，多歧路，今安在？难怪有的中央纵队的同志不知道刘少奇参加过长征。

松岭枪炮声悲壮，草地星河影动摇。从长征开始前打标志性松毛岭战役的红九军团，长征初期担任后卫、牺牲损毁最惨重的红八军团，遵义会议和前后的红五军团、红三军团，中央筹粮委员会，一直到长征结束的瓦窑堡会议，父亲一步没落。红一方面军抵达陕北的七千余人里面，还有些是半路加入的，❸像刘少奇这样全程征战的更要少。

---

❶ 老北京方言土话，全不怕，浑然不畏惧之意。

❷ 中共中央文献研究室编：《刘少奇年谱（1898—1969）》上卷，中央文献出版社 1996 年版，第 141 页。

❸ 新中国成立后，在刘少奇处先后三位专车司机严、曹、李叔叔，都是半路加入长征的老红军。

独闯白区　掀天揭地

　　到瓦窑堡后，在公开报纸上看到北平（北京）发生"一二·九"学运的报道。白区还有爱国学生运动？我们一直挂在口头上说，王明"左"倾路线造成"红区"损失百分之九十，"白区"损失百分之百。红区红一、二、四方面军（包括红二十五军）出征前的总人数到最后（包括红十五军团）就剩约百分之十。白区与党中央的联系，长征前已中断，到陕北时竟一个人都联系不上，隐约知道有三人在工作，只听说反帝工作有开展，确实叫"损失百分之百"。此时，居然发现白区还有学生运动，是不是共产党领导的？不知道。

重返虎穴归故地，
代表中央主北方

　　中央立即决定赶紧联系。谁当此任？又落在父亲身上。他对白区最熟悉，主持过顺直省委、当过满洲省委书记；他对领导白区有极深刻的认识和最丰富的经验，有整套想法和工作思路。毫无疑问，他最合适。简单征求刘少奇的意见——这是"重返虎穴"啊！他回答：不入虎穴，焉得虎子？12月29日政治局常委会决定，派他作为中央代表主持北方

局工作。❶

父亲化名胡服，他自解是胡服骑射、抗击外敌之意。❷1936年1月17日，中央政治局会议后，他赴赴平（京）津，孤胆独身蹚地狱。对刘少奇来说，"长征"继续前行，肩负新的重任，走上通天的漫漫征程。

此时，父亲与谢飞（1913—2013）妈妈结婚。谢是海南文昌人，原名琼香。1927年到广东第六师范学校（海南），参加革命组织入团，7月转党，后受中共派遣到香港、新加坡等地工作。谢听说过，农民运动领袖是彭湃、毛泽东，工人运动领袖是李立三、刘少奇。1932年回国在福州、厦门地下党，1934年在中央苏区政治保卫局当秘书，同志们都亲昵称她"阿香"。长征中与刘认识，互相留下深刻印象，后由党内老大姐"做媒"成婚。因白区工作需要夫妻互助，既便于工作布置有帮手，又利于安全保卫相掩护，与父亲同行。

谢飞

老家派来老长辈，
饭店从容暗接头

"出塞复入塞，处处黄芦草"，打探、联络、疾行、智对……当年的河北省委秘书长王林晚年时回忆：到天津北洋饭店，见一位学者，手持当天的《中央日报》为接头暗号，无言相跟、示意对坐，在茶几的玻璃板上，慢慢手写"刘少奇"三个字……消息传回北方局——老家来了熟悉长辈——那份激动啊！此时，父亲才知道北方局仍驻天津，仅剩一个河北省委（北方局兼），限于平津地区，仅有党员三十多名，

---

❶ 中共中央文献研究室第二编研部编著：《刘少奇军事画传》，贵州人民出版社2009年版，第60—64页。

❷ 听母亲王光美讲，父亲默认。

1936年春，刘少奇受中共中央委派，离开陕北到达天津，以中共中央代表的身份主持中共北方局工作。图为中共北方局旧址（今天津市黑龙江路隆泰里19号）。

全国各地均无联系。

"一二·九"时的北平市委书记林枫，刚调任天津书记。父亲询问了解各方面情况后，调林枫兼刘少奇的联络员，后专任中共中央代表秘书，朝鲜国际主义革命家李铁夫❶接任天津市委书记。不久，父亲派李大钊之子李葆华接任北平市委书记。北平女一中学生、地下党隐藏的"一二·九"学联执行主席郭明秋，与林枫假扮夫妻，实际是当译电员，与父亲和谢飞妈妈密切合作，北方局转移北平后，更是同吃同

凝聚坚守老干部，乔装隐匿屠刀前

---

❶ 1901年生。1919年到上海，又留学日本早稻田大学。回朝鲜创建共产党（后改名劳动党），1928年避难于上海，加入中共。1931年到北平任河北省委宣传部长等，1934年被扣上"右倾铁夫路线"帽子，与党失联，靠扛麻包做苦力为生，继续英勇斗争。1936年春参加刘少奇领导的"五二八"游行等，恢复组织联系。刘少奇给他平反恢复名誉，派任天津市委书记。1937年5月，参加白区工作会议，剧烈争论中，激愤暴病，7月在延安病逝。

中共中央北方局为抗日救国宣言

（1936年3月10日）

中国共产党中央委员会与中华苏维埃中央政府与中国工农红军中央革命军事委员会主席朱德、毛泽东之委托，向全国的军政长官，社会团体，政党，政派，报纸杂志及全国工农商学各界同胞为之爱国志士们宣言：

继东北四省之后，现在又是整个华北的沦亡。日本帝国主义不独是要灭华北，而且企图灭亡整个中国独占中国。中国数千万方里的土地即将变成完全的殖民地，四万万中国的同胞，即将变成日本帝国主义铁蹄下的亡国奴。目前华北的情势，仅仅是日本帝国主义鉴于直接武装占领满洲时全中国人民反对的经验而采取比较隐秘的方式——利用卖国贼的南京政府任命汉奸卖国贼宋哲元等组织华北傀儡政府冀察委员会，以过渡到直接武装占领华北的形势。日本帝国主义没有一分钟停止过灭亡中国行动。

在空前未有的亡国灭种的民族危机面前，在蒋介石领导之下，南京政府是继续的进一步的投降日本帝国主义，更无耻的出卖中国民族，它完全接受日本灭亡中国的一切条件，进行实际的南京讨日会议，逮捕枪杀爱国学生和爱国志士，封闭爱国的报纸刊物，破坏分裂爱国的团体和阵线，调开华北的武装军队去进攻唯一坚持抗日的红军，蒋介石这一切投降卖国的行为，是要使日本灭亡中国的事业不致遇到中国方面的严重抵抗。蒋介石是坚决要拥护帝国主义中国为殖民地的事业之顺利的进行。

中国苏维埃政府与工农红军屡次向全国同胞及所有武装部队

— 791 —

住，既当代理人、联络员，又当警卫、哨兵。

父亲废寝忘食，与北方局领导昼夜深谈，立即任命"老顺直"彭真为北方局驻冀东代表。在刘少奇领导下，彭真、林枫、李铁夫、李葆华、郭明秋是将"一二·九"运动成功推向全国的关键人物。

满眼肃杀的白色恐怖中，千头万绪的工作忙碌展开：恢复各级组织，联络全国各地省委；传达中央"停止内战，一致抗日"大政方针；秘密派出北平市委宣传部长周小舟与中国大学教授吕振羽 ❶ 到南京，联系国民党最高当局，约见宋子文、陈立夫谈判"联合抗日"。这是我党最早与国民党开始的正式秘密谈判。❷ 最主要的任务，是广泛宣传主张，大力开展群众运动，导正学运。

首要的，就是坚决铲除根深蒂固的"左"倾顽疾。刘少奇响亮地喊出："关门主义与冒险主义，是目前党内的主要危险"❸！他发表了一系列文章，"揭发与批评过去的恶

---

❶ 1900年生，历史学家，著有《简明中国史》等传世之作。1936年入党后，领受任务联系国民党高层熟人传递"联合抗日"意向，受刘少奇派遣赴南京"谈判"。1942年任刘少奇政治秘书，1943年改任学习秘书。"文化大革命"时，为"南京秘密谈判"及见宋子文、陈立夫等事，入狱八年，威逼之下，拒不诬陷，坚守忠贞。平反后的1980年去世。——国民党成立的中国大学亦称"中央大学"，新中国成立后撤并。

❷ 中共中央文献研究室编：《刘少奇年谱（1898—1969）》上卷，中央文献出版社1996年版，第147页。

❸ 《刘少奇选集》上卷，人民出版社1981年版，第33页。

劣传统，否定过去的错误原则"，"彻底转变今后的党与群众工作"。❶

为了安全可靠又保证高效，每项工作必须单线联系、单独面谈、分别布置、反复安排。父亲是通宵达旦、夜以继日，一刻也没耽误，把党在白区各地各级组织凝聚到抗日上来，迅速扭转北方局工作，带动人民大众，掀起救亡热潮，发展党的组织。❷

这些工作看起来似是远离硝烟，但说到底不就是为了国防、军事吗？所谓的"白区正确路线"，就是要卫黄保华，为民保国呀！

"一二·九"运动初，学生喊出的口号是保卫华北、收复东北。刘少奇完全肯定，因势利导，就势提升，将其推广至全国。在群众运动中，他禁绝冒险激进做法，尽量避免牺牲，养护有生力量。他发表文章尖锐直斥：过去，纪念节几乎成了我党冒险主义教徒的"礼拜日"，照例发宣言，上马路、喊口号、撒传单、打石头……眼看着要受到敌人严重的打击不可停止……不管天阴落雨要做礼拜，"结果过去在这种纪念节的损失，是难以计算的"。❸

同时，父亲又坚决克服"关门"问题，团结最大多数的群众，建立最广泛的统一战线：公开组织"民族解放先锋队"等进步团体，人家想入，敞开大门，共产党从中选优，秘密

带动民众风云起，
扩大组织蓬勃兴

❶ 《刘少奇选集》上卷，人民出版社 1981 年版，第 58 页。
❷ 中共中央文献研究室编：《刘少奇传（1898—1969）》（上），中央文献出版社 2008 年版，第 191—206 页。
❸ 刘少奇：《肃清关门主义冒险主义》（1936 年 4 月 10 日）。

吸收大量新党员。❶刘少奇认为，共产党必须有公开的活动，不能全是秘密的，要进行区分。"我们要利用一切方法、一切公开的可能来广泛地联系与组织"群众，❷才能提升党在群众中的号召力，不然共产党就丧失存在的意义了。我们的旗帜就是抗日，必须团结、拉动尽量多的党派和群众团体。

父亲领导组织华北各界救国联合会，又到上海召集全国各救国团体，成立联合会。沈钧儒、邹韬奋、陶行知、史良、沙千里、章乃器等为理事。当时，共产党的组织是高度秘密的，而群众民运，"特别是学生文化界的救国活动，多少冲破了一些统治者的严格限制，使党的秘密工作与群众的公开半公开活动……重新配合……使党的组织隐蔽在广大群众中……发展了党的组织"❸。

父亲的这一套思路和做法，早在顺直省委、满洲省委和上海"一·二八"时期，就提出并成功实践过。遗憾的是，却遭遇党内自己人的"无情打击"。此时，一系列的指导思想和策略的"彻底转变"，迅速廓清扶正了工作路数，显现出惊人奇效。令人拍案叫绝的，硬是让秀才去见兵，讲清道理。

本来，"一二·九"运动的学生高喊打倒汉奸宋哲元，打倒卖国贼。宋哲元是冀察自治政务委员会委员长、国民党二十九军军长，他下令弹压，九门禁闭、开枪示警。父亲即令停止过去的那种"飞行集会"和"抬棺游行"，要求党的

---

❶ 《刘少奇选集》上卷，人民出版社 1981 年版，第 23—33 页。
❷ 《刘少奇选集》上卷，人民出版社 1981 年版，第 37 页。
❸ 刘少奇：《六年敌后工作经验的报告》（1943 年 3 月）。

为巩固和发展"一二·九"运动的胜利成果，刘少奇及时纠正了平津学生运动中存在的"左"的偏向，指出要正确对待学校当局和教师；正确对待二十九军。并把过去学生呼喊的"打倒卖国贼宋哲元"的口号，转变为"拥护二十九军抗日"的口号。这样，在相当程度上改变了宋哲元对学生运动的对立态度，激发了二十九军广大官兵的抗日热情，使学生运动获得了广泛的支持和更迅速的发展。图为北平学生高举欢迎二十九军抗日的标语在街头进行抗日宣传。

各级组织，主动领导师生，将"打倒卖国"的口号转变为"一致抗日"。先在天津"五二八"万人大游行成功，宋哲元在报上发表谈话，说"不便取缔"。

1936年6月13日，北平万名学生上街。❶时任北平西郊区委书记的刘杰叔叔叙述，宋哲元路过，眯眼细看从车窗塞进的传单，赫然大字"拥护宋委员长抗日""拥护二十九军抗日"，侧耳细听学生们高喊的也是。这下宋兴奋起来，派北平市长秦德纯召集游行学生以示支持，"在景山集合时，

秀才见兵讲情理，
同仇敌忾齐并肩

❶ 中共中央文献研究室编：《刘少奇年谱（1898—1969）》上卷，中央文献出版社1996年版，第152—158页。

数万群众唱出了同一的救国歌声"。❶ 宋自己也接见师生代表即席演讲：同学们，你们不知道，我是在喜峰口抗过日哒！老子打日本出过血啊！几句慷慨激言，欢呼声起，他自己也感动流泪。瞬间，整个二十九军、华北政府全转过来，抗日运动由非法变合法了！警察宪兵维持交通秩序，社会各界声援支持。❷

父亲立即指示地下党因势利导，发动师生民众前去军营拥军。姚依林 ❸、宋平叔叔向笔者回忆，二十九军欢迎，请

姚依林（右）
与宋平（左）。

---

❶ 刘少奇：《六年敌后工作经验的报告》（1943 年 3 月）。

❷ 中共中央文献研究室第二编研部等编：《刘少奇大辞典》，中央文献出版社 2009 年版，第 46、47 页。

❸ 姚依林（1917—1994），1935 年入党，"一二·九"时任北平学联党团书记、秘书长。1936 年调天津市委任宣传部长、市委书记。1937 年"七七事变"后任河北省委秘书长等职。

学生野营骑马，给大家操演大刀，《大刀向鬼子们的头上砍去》等一系列抗日文艺作品蓬勃传世。地下党精心组织学生们到北平宪兵队等东北军，慰问演出《打回老家去》《放下你的鞭子》，一曲《松花江上》——恸哭泪雨满军营！

此时，父亲大力倡导的"民族解放先锋队"（彭真直接领导总队部）也迅速发展，在全国甚至在巴黎、东京等地都建立了支部。疾风烈火般的抗日民运、兵运席卷全国，盛况空前，《义勇军进行曲》风靡神州！青年朋友们请牢记：当年中国最危险的时候，千百万青年扑向抗日战场，唱响的正是我们今天的国歌——声震寰宇！

宋哲元冲动，拿一个师到天安门示威。地下党迅速组织群众和学生们夹道欢迎。本想是绕天安门转这么一圈儿就行了，但军队顺着站满百姓的街道下不来，如此热烈场面真是从没见过，沿街欢呼、披红挂花。几百骑兵真是好拉风，被欢送到长城才算完。军民乐翻天！延安派出张经武为联络代表，秘密常驻二十九军，做统战工作，推动抗日。之后，由北方局张友渔陪同，张经武速见绥远省主席傅作义；联络阎锡山达成"三条协议"；联系山东韩复榘、四川刘湘等地方实力派，联合抗日。❶

全力统战拥抗日，民情激荡为救亡

---

❶ 中共中央文献研究室编：《刘少奇传（1898—1969）》（上），中央文献出版社 2008 年版，第 219 页。

为把党的白区工作尽快地转到正确路线上来，加强党内统一战线政策的教育，刘少奇撰写了许多文章和党内教材。他明确指出，应该"向那些愿意同我们合作的同盟者作必要的让步，吸引他们同我们联合，参加共同的行动，再去影响他们，争取他们下层的群众"。图为其中的一部分文章。

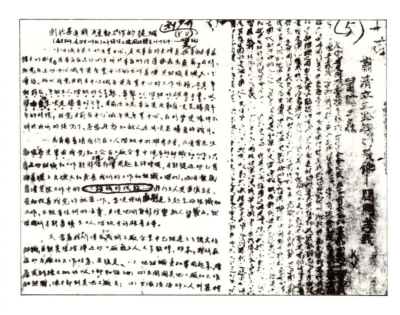

　　被毛泽东称为"懂得实际工作的辩证法""有经验的"[1]实干家刘少奇，还被党内誉为理论家。这时期，父亲创作发表了大量文章。比如，1936年4月13日的《关于共产党人的一封信》，1936年5、6月的《关于人民阵线问题的两封信》，1936年9月25日的《我观这次文艺论战的意义》，1936年11月20日的《民族统一战线的基本原则》，1936年12月26日的《论蒋介石的恢复自由与西安事变的和平解决》，1937年1月1日的《西安事变的意义及其以后的形势》。1937年2月26日，在北方局《火线》杂志上，内部发表了《关于大革命历史教训的一个问题》等文章。为统一思想、协调步骤，父亲的理论不复杂：力求知己知彼，顺势转变策略，

---

[1]　毛泽东在1937年6月中共中央白区工作会议上的讲话。

力促上下同欲，必定事业有成。

不到半年时光，随着斗争方式的转变，整个革命形势为之骤变，路线的正确与否，很快由实践检验出来：民众的抗日热情和救亡意识，与军队共鸣、拉政府转向，转眼大变天。为什么我们党过去不多做这样的工作，而非要做一些群众不理解、与各界相抵触，甚至是严重对立、极其危险的工作呢？既然我们的主张是正确的，为什么得不到群众支持呢？显然是我们的策略、方法、口号不对头，甚至做反了、做错了。共产党做工作，就是要凝聚人心，得到大家拥护。

当群众发动起来、统一战线形成后，"中心的问题，就是无产阶级争取领导权"，刘少奇写道，"无产阶级必须自己确实地、不动摇地独立起来，然后才能与别人进行平等的联合。"否则，"就不能联合别人，只能供别人利用。"❶

今天看来如此明了的道理，却让我们党付出多少鲜血和生命，经历千辛万苦才真正懂得。不少好同志，因提出或坚持正确主张，甚至被自己人搞掉了脑袋。当时党内也有强烈的反对声，柯庆施多发牢骚散布，说这个"老右"太右了。父亲反问，保国家救民族怎么不正确？我们党的主要工作，就是动员和领导全体人民，抗日救国！毫不迟疑，刘少奇果断撤换柯庆施，夏末，任命彭真为北方局组织部部长。兴亡关头，党的领导：知恶能善，择优去劣。父亲尽本分用英才，❷ 推进实现了历史性的"彻底转变"！

---

❶ 《刘少奇选集》上卷，人民出版社 1981 年版，第 47、49—50 页。

❷ 司马光：《资治通鉴》："知善而不能用，知恶而不能去，人主之深戒也。"

一次会中，柯庆施对北方局书记高文华 咕噜：你卖了唯一的儿子作党费，不就是为了杀地主、资本家，为牺牲的工农报仇吗？老机（机会主义）一贯右，还是见死难同志太少啊！父亲在隔壁交代另一急务，一贯无言掣水的谢飞却忍不住："老胡（刘少奇）可是老白区啊，妻子被杀害，丢了仨子女！血海深仇比你们少？长征渡湘江、爬雪山、过草地，他见的死人比谁都多！"众皆语塞。我想，也许正因为父亲"见的死人比谁都多"，才练就临危不惧、处乱不惊、理智持真的功底！

每逢大变深思虑，
关键之时见输赢

林枫

1936 年 12 月 12 日"西安事变"，张学良和杨虎城扣押蒋介石，提出"一致抗日"。全国沸腾，革命群众激奋欢呼！与蒋介石杀成血海深仇的中共内部，更是兴奋不已，一片喊杀！此时，日夜被围着要求发声的刘少奇，仅一句话：等待中央通报指示。而行动却很迅速，派林枫在天津，彭真到北平了解各界态度。14 日，中央来电"响应张（学良）杨（虎城）等抗日主张"。当天，父亲以"北方共产党发言人"名义昭示各界：只要"彻底改正蒋委员长以往……的错误政策和行动"，对内实行民主，对外即行抗日，"此事则解决甚易。" 设身处

---

❶ 高文华（1904—1994），湖南益阳人，长沙工人，1923 年入团，1925 年参加广东省港罢工时入党，初识刘少奇，后到汉阳任书记，受刘少奇领导。再任河北省委书记等职务，革命坚定、无私无畏，个人品行很好，曾卖掉唯一的儿子以充党费；刘少奇知道后，令地下党尽力找赎未果。遗憾的是，作为中共高级领导人，理论、素质、能力等修养，有明显缺陷和不足。后刘少奇报中央送他到延安学习。作为后人，我尊重，不详述。

❷ 中共中央文献研究室编：《刘少奇传（1898—1969）》（上），中央文献出版社 2008 年版，第 224—227 页。

地，如此表态，使共产党人和革命群众多少感到意外。北方局领导层一时躁动，"我们可以主动向中央请示建议、提出要求！"父亲摇头。

万分焦灼中，中央来电。已深思熟虑的父亲，连续发出指示传向全国各地。刚刚重建或恢复联系的各地党委，与延安多无通信，都紧盯北方局。20天里，刘向各省市频发通电，又公开发表两篇很有说服力的文章，统一进步思想，扭转舆论导向。重大历史关头，刘少奇为我党赢得主动，团结

1937年2月下旬，刘少奇率中共北方局机关由天津迁北平。图为他当时住过的北平市西四砖塔胡同四眼井十号院。

革命难离兵家事，
力推抗敌遍九州

抗日，作出公认的贡献。

再三强调，父亲是戴着"老右"帽子，"万方多难此登临"。基础，比早年在顺直、满洲省委时更弱；内里，力顶"残酷斗争、无情打击"的利箭恶风；外间，隐蔽于嗜血屠刀下，不分昼夜拼搏。杀戮险象环生，保存实属不易，况求发展，更是难上加难。❶

无论红区白区，正是在这种"两条路线两重天"的比较中，我们党才开始萌生并确立"实事求是"的思想路线。

全国的抗日热情迅猛高涨，救亡运动成燎原之势。原先由几所学校进步青年发起的小范围行动，还遭到强力弹压。此时的"一二·九"却已迅猛扩展成全国性、全民性的重大运动。你说这算不算国防？这是时代所决定的，时代无法离开这个主题；这是刘少奇们的事业所决定的，革命离不开军事。北方局搞兵运，动员起二十九军于"七七事变"在卢沟桥跟日军交火作战，将抗日战争推上惊天动地的新发端！这不算军队之事？当然算！❷

这里有必要强调：是日本帝国主义的侵略和暴行，激起中国人民的反抗。在自己祖国的领土上，刘少奇号召武力抗击日军侵略，绝对是国际公认的正义之举：1927 年，日本水兵登陆武汉枪杀市民，制造了著名的"四三惨案"，日军开第一枪，父亲指挥工人纠察队还击，发起"收回日租界"

---

❶ 王光美：《与君同舟　风雨无悔》，见王光美、刘源等：《你所不知道的刘少奇》，河南人民出版社 2000 年版。

❷ 1937 年 4 月底，刘少奇离北平到延安。"七七事变"后赶到太原，重组中共中央北方局，任书记。

运动❶；1928年，日本驻屯军在济南枪杀我几千军民，制造了惊世的"五三惨案"，父亲立即动员抗日暴动；1929年，父亲在哈尔滨发起"一一·九反日游行示威"，以文抗武，得到军政官民一致的同情支持。"九一八"抗日战争刚开始，1932年"一·二八"，日本海军炮轰登陆上海，父亲支持十九路军抗战、创建上海义勇军，英勇抵抗帝国主义武力入侵，得到中国社会和世界各国的广泛同情支持。究竟是谁在东北、华北、华东、华中，真的打响了"第一枪"？❷铁证如山，历史不容虚无！又是谁在捍卫祖国同胞？为父亲，我感到无比自豪！

多年后，党的《关于若干历史问题的决议》写道："一二·九运动的成功，证明了白区工作中这些策略原则的正确性。"某人某事的历史地位和重要性，并不仅仅是简单随意的一个评价，而是由领导人民大众掀起波澜壮阔的潮流、创出排山倒海的伟业所决定，由历史检验定格的。

---

❶ 1927年4月3日，日本水兵在武汉殴打黄包车夫，工人纠察队维护秩序解决纠纷。日军舰上的水兵开枪屠杀市区群众，武力登岸，工人纠察队回击对战。刘少奇领导民众包围日租界，开始"收回日租界"运动。"四一二"反革命政变后，总工会将领导权交武汉政府，随后不了了之。

❷ 东京大审判中，国际法庭判定日本为侵略。其中，包括"九一八""一·二八""七七"等事变。

营救战友　建功华北

为有牺牲多壮志，
图圄志士倍坚贞

　　刘少奇刚到北方局的时候，能够联系到的共产党员也就三十多人，而在北平草岚子军人反省分院里却关了六十多名，都是久经考验的老同志。一方面我们党急需干部；另一方面这批干部都服刑到期，甚至过期多年。只因为出狱手续要签一份"悔过启事"，保证不再犯法犯错误之类的，大家都不签，所以一直拖延在押。1929—1930年任满洲省委书记时，刘少奇就曾遇到过：监狱里囚禁大量共产党人，想方设法营救无果，他离开一年多的"九一八"后，全遭残杀，令人痛心疾首。近期，日本人可能就要侵占华北，这批同志肯定又会遇害。父亲当机立断决定营救，经请示中央，当时负总责的张闻天、毛泽东批准后迅速行动：三次下通知命令给草岚子，分九批出狱。同时，还在各地搜寻，先后营救出王若飞等许多同志。"成熟的老同志"被安排到全国各级当领导，迅速恢复建立党的组织，发挥出巨大作用。❶

---

❶　中共中央文献研究室编：《刘少奇年谱（1898—1969）》上卷，中央文献出版社1996年版，第151、154页。

薄一波为其中之一。阎锡山曾派人到大牢里拉薄回山西，被拒绝。1936 年 9 月刚出狱，阎锡山又托人带话邀请他放下国共之争，"共策保晋大业"。薄一波再回绝，但这么重要的情况，必须向党组织汇报。刘少奇知道后说：送上门来的工作，怎么能不去呢？"不想去也得去！去谈嘛"。❶

抗战初期的刘少奇。

薄一波"单刀赴会"，看了一圈、听了数遍，没有表态，也不见阎，只说自己已经脱离共产党刚出监狱，得回家去见见老人，请给他时间考虑，一定回复。刘少奇面见薄一波听罢汇报说：太好了，阎锡山不是拉我们抗日吗？自然要送

---

❶ 中共中央文献研究室编：《刘少奇年谱（1898—1969）》上卷，中央文献出版社 1996 年版，第 159 页。

刘少奇指导起草的以"牺盟会"名义发布的《山西农民会章程（草案）》。

人过去。❶ 立即成立了一个中共山西公开工作委员会，❷ 刘少奇定义为"特殊形式的统一战线"，并指示大胆去做，放手去干。

回复见阎，当场商定的第一件事就是改组牺盟会，全称山西牺牲救国同盟会，会长阎锡山，1936 年 9 月 18 日成立。这个时间建会，就是向外界展示抗日的姿态，但冷冷清清没声势，搞不起来。阎想试试看，共产党搞群众运动可是拿手。11 月，组织了多种大会造势，被营救出狱的老同志杨献珍，开办各式各样的训练班、学习班，向村一级派出"村政协助员"，往每个县派遣"巡视特派员"，发现旧县长不合适，马上就建议换。阎锡山也觉得旧县长确实不行，只要不抗日，就换新县长，先将沦陷的七个县换上"有牺牲精神的"青年"游击县长"。如此这般，有二百多个我秘密党员和进步人士来到山西当"县官、区官"。农村、工厂、学校还派驻大量地下党员和革命知识青年。

---

❶ 薄一波：《七十年奋斗与思考》上卷，中共党史出版社 1996 年版。第 197—250 页。

❷ 中共中央文献研究室第二编研部等编：《刘少奇大辞典》，中央文献出版社 2009 年版，第 55 页。

山西地处抗日前线，早在 1936 年，在刘少奇的指导下，北方局就派薄一波等同志去太原进行统一战线工作，接手改造了抗日救亡群众组织"山西牺牲救国同盟会"。这个组织名义上阎锡山是会长，实际上是中国共产党领导的统一战线的抗日团体。这是刘少奇给"牺盟会"干部作报告的旧址——太原国民师范学校。

"忽如一夜春风来，千树万树梨花开"。一年时间，"牺盟会"轰轰烈烈地发展到一二百万人，阎锡山超满意。牺盟会领导机构除阎为会长外，七常委中梁化之（阎锡山嫡系、国民党人）为秘书长，六人为中共秘密党员。山西 105 个县，最多时约 62 个县的政权由共产党暗中掌握。

共策保晋成大势，改组兴建牺盟会

抗日战争全面爆发后的 1937 年 9 月，八路军总部进驻太原，一一五师、一二〇师和一二九师，前出山西的边缘地带。父亲提出要迅速发展到数十万人枪，当时多数人都认为绝不可能，做梦吧？其实，刘少奇心里有底："到处都有群众寻找和等待共产党与八路军去领导他们，告诉他们办法，要求党派人去领导他们打游击"，而这些地方的山西县长全部都是我们地下党掌控，可全力动员参军。何愁无兵？宋平叔叔多次对笔者生动回忆，因为群众强烈期盼，青年急切投身抗日部队，有深厚文化积淀，有我党掌控的地方政权支持。果然，大量爱国热血青年踊跃加入八路军，仅仅山西地区，就扩展了十万人。进入华北地区的两万多"老八路"，一年就"成为拥有数十万人枪的强大的集团军"！ ❶ 这次扩军开始叫"扩红运动"，包含河北、河南，而山西最为突出。这当然与牺盟会打下的基础分不开。

可见，白区工作对国防、军事和军队建设的意义非凡、功不可没！

上面讲牺盟会与扩军的关系，再说山西新军的事：

1937 年"七七事变"后，刘少奇从延安急返太原，多次面见薄一波，满意地肯定了山西的工作成绩后，明确了下一步骤：拿到兵权、掌握武装。因为抗日除了发动群众、团结各方，还必须有军队，有军事实力，并说阎锡山会赞成。阎细闻动议，果然高兴，一拍即合，当场决定建立一个团新

刘少奇卓有成效地领导了创建山西抗日新军的工作。抗日战争全面爆发后，山西党组织根据刘少奇的指示，不失时机地建立和发展了中国共产党领导下的抗日武装——"山西青年抗敌决死队"。图为"决死队"战士在写抗日宣传标语。

---

❶ 刘少奇：《六年敌后工作经验的报告》（1943 年 3 月）。

1937 年冬，决死队一部举行集会，支援当地"牺盟会"开展抗日救亡工作。

军，随后筹备工作迅速开展。❶

8 月 1 日，山西青年抗敌决死队（当时的政府和报纸都不敢明提"抗日"）正式成立，为区别晋绥旧军队而称"新军"。"换旗抓枪"，这可是我党领导的军队呀，人、枪、弹药以及其他配置一应俱全。共产党有特别强的号召力，很会做基层工作，农民、工人和大量的知识青年踊跃加入。决死队发展极快，两年组成 4 个纵队，50 个团，10 万人（包括各县 3 万决死队）规模。❷ 素质也很高，名列世界各国军队大中学生占比的前茅，很明显看出官兵的觉悟水平、爱国热情和技能战力比旧军要强。

❶ 薄一波：《刘少奇同志的一个历史功绩》，见薄一波：《领袖元帅与战友》，人民出版社 2002 年版。

❷ 中共中央文献研究室第二编研部等编：《刘少奇大辞典》，中央文献出版社 2009 年版，第 56 页。

守土抗日战火起，
速建新军保家乡

阎锡山啧啧称奇，超爽之余，可诡诈精明得很。新军的军事长官由国民党军官担任，政治工作主持人基本是地下共产党人，当时叫政治部主任，个别设有政委。无论是牺盟会还是决死队，一律由山西人组成，阎曾表示，只要合作抗日，共保山西，就没问题。然而，阎老西儿及其部下始终暗打算盘，眼见新军飞速壮大，利用之心瞬息变幻、过河拆桥断然行动。

1939 年底，蒋介石提出抗战要胜，必先灭共；暗示"宁亡于日，勿亡于共"。阎锡山下令将决死队负责政治工作的人都拿卜来，污蔑"叛变"的同时，旧军人举进攻新军和八路军，史称"晋西事变"（"十二月事变"）。这成为全国第一次反共高潮的顶峰。新军外遭攻击、内部厮杀，自古兵家断言：此兵必溃无疑。而薄一波等"顺阴阳之数、审藏用之机"，干脆带四个纵队半数官兵（2.8 万主力和县属决死队共 5 万多官兵）连人带枪加弹药，公开进入八路军序列（自组建就是共产党秘密领导的军队）！我军的内乱外攻顿时化解，攻守强弱瞬间逆转。八路军未及拉开架势，已大获全胜！

大胜大功对应出大败大过：后来有话说，阎老军阀机关算尽，没把小书生看在眼里，错一招砸锅崴泥，彻底晕菜！算计人一辈子，唯一后悔莫及让他哭掉泪的，就这一次。

事后，毛泽东以薄一波的名义给阎写了一封信，表示特殊情况下统一战线还是必须维持的，这些部队进入八路军，还是你的部队，目标不变，一致抗日、共保山西，决死队的名义仍保留。❶ 阎锡山只好"低头向暗壁"，自吞苦果、蹒跚台阶。这几万人分别转隶一一五、一二〇、一二九师，县属决死队就地转为我县大队或游击队，一纵队主力进入了太行、太岳地区，陈赓（1927 年武汉工人纠察队总队长）任太岳纵队司令员、薄一波为太岳书记兼纵队政委，直属八路军总部朱德、彭德怀指挥（后解放军十二军、十四军一部和武警四十一师）。

刘少奇在"七七事变"前提出的"特殊形式的统一战线"，到此结束。中共山西公开工作委员会自然撤销，其所领导的万千党员，无一人向阎承认是共产党，全都是冒死赴险的英雄儿女！

再插两句叙事外的题内话。

长期以来，有个糊涂的逻辑怪圈：获救出狱之人，多被疑似变节！甚至连毛泽东、周恩来等中央领导亲议商定，张闻天以总书记名义亲自批准，刘少奇以中央代表身份亲手营救，仍受到明里暗中诋毁指摘。难道让坚强的老革命惨遭折磨，见死不救才算伟大光荣正确？俘虏敌人尚且优待，对陷敌魔窟多年的自己同志却百般苛责，死有功才爱、活有过成害。此般谬论，阶级感情何在？与敌人有何异！❷

---

❶　详情可参见薄一波：《七十年奋斗与思考》上卷，中共党史出版社 1996 年版；薄一波：《领袖元帅与战友》，人民出版社 2002 年版；山西史志院编：《中国共产党与山西抗战》，人民出版社 1997 年版；王生甫：《山西新军史》，山西人民出版社 2005 年版。

❷　见刘格平传记编委会：《寻觅真实的刘格平》，中国发展出版社 2017 年版。——当年的老狱友们无一例外认定："文化大革命"中的康生、刘格平才是出卖党中央与同志们的叛徒敌人。

当年，康生、柯庆施❶等人就"采取两面派的办法来反对(刘少奇叙述)"，指责父亲营救战友出狱，拉宋哲元抗日，做张学良、傅作义工作，与阎锡山合作、"换旗抓枪"是"右得不能再右"了！"文化大革命"时，将所有从大牢里营救出来的同志，都扣上"叛徒集团"之名。然而，即使在随意栽赃陷害的年代，也没听说过哪个人将共产党军队拉走投敌。而事实上，仅新军这一次就拉起倍于"江南老新四军"(不包括刘少奇在华中拉起的新四军)的"枪杆子"入列归建，还"扩红扩军"人民武装数十万！古今中外，有这样的"叛徒集团"吗?

历史验证，中央营救脱险的前辈，是当之无愧的真英雄！他们与自行脱党和一般变节者决然不同，与出卖革命和同志的叛徒更是人鬼截然对立之荣辱两端！而党中央英明领导的历史伟绩，不容抹杀！以革命实践检验定的善恶功罪，岂容质疑！为正名祛污，我立此存照，浓墨记叙这一段。

所谓"换旗抓枪"，就是以统一战线形式，戴上青天白日徽，建起正规的、"白皮红心"的革命军队。杨尚昆（当

---

❶ 柯庆施（1902—1965），1921 年留学苏俄时就与刘少奇相识，在以后的经历中他们多有交集，彼此深透了解。1936 年，最初反映"草岚子"关押大量共产党干部的就是柯庆施，并建议"履行出狱手续"。对刘少奇的决定，请示毛泽东、张闻天的批准情况他都清楚，具体营救也是由他实施。但私下他却恶意攻击挑拨。柯被撤职送延安学习后，又与康生鼓捣到一块儿。当面买好，背后骂娘，做派相投。"抢救运动"时，康生翻脸狠整，柯的老婆被逼跳井。1948 年薄一波任中央华北局书记时，柯再三抱怨诉苦，薄念及营救之初，下大力把柯要到华北任石家庄市长。后来"高饶事件"中，柯庆施把薄一波整惨了。新中国成立后，曾被毛泽东称为"左得不能再左"的柯庆施、康生又联手。

年接任北方局书记）主席后来说：北伐时我们就想搞，但没搞成，只搞了个叶挺独立团。抗日时山西搞成了，完全是在少奇同志的支持下。而邓小平同志更正式代表党中央评定，父亲"卓有成效地领导了山西抗日新军……创建工作"。

当时，这可是震动朝野军地的大功啊！父亲从来是为而不争、功成弗居，以至整个白区的领导都很低调，谦虚谨慎、埋头苦干。这一段，在军史上算是半空白吧，正史很少，研究更缺，评价几无。但作为个人回忆，如"一二·九"时的彭真、林枫、李葆华、刘杰、周小舟、徐冰、王林、黎玉、魏文伯、黄敬、姚依林、宋平、黄华、郭明秋、蒋南翔、李昌、袁宝华、刘玉柱、杨秀峰、陆平、康世恩、朱穆之等；山西牺盟会、新军及"十二月事变"时的杨尚昆、薄一波、刘澜涛、安子文、杨献珍、华国锋、戎子和、宋劭文、李立功等，却常常谈到。

宋平

前些年，习近平同志的母亲齐心阿姨写过一篇文章《激情燃烧的青春岁月》，谈及这一段，非常生动，感人至深。

那时期，涌现出一代天骄，聚合起群英齐力，成就了救国伟业！立惊世之功者，留传世之著者，数不胜数！

在红军时代，江西和福建人民对于革命和军队的发展，作出了巨大贡献和牺牲。在抗战初期，山西人民和党组织为全国抗日运动和军队的大发展，作出了巨大贡献和牺牲。当时，八路军十倍增长的主要兵员在山西，比河北加河南的数量还多。这是建立山西"特殊形式统一战线"的直接结果，

① 邓小平：《在刘少奇同志追悼大会上的悼词》（1980 年 5 月 17 日）。

与党领导的"一二·九"运动直接相关。

看了以上史实，谁能说"白区正确路线"与国防、军事、军队无关？刘少奇说："一二·九"运动"和当时人民武装革命一道，在中国历史上是一个划分革命开始重新前进阶段的标志。"对中国的国防军事，对人民军队的发展壮大来说，偌大史功！

另一方面，刘少奇说：革命的青年学生"到乡村去，到革命的武装部队中去，和人民特别是和工农结合起来，在共产党领导下，建立革命根据地和进行抗日战争"，走上"民族危机中争取民族解放的正确道路"。❶ 对人民来说，偌大贡献！

---

❶ 中共中央文献研究室编：《刘少奇年谱（1898—1969）》上卷，中央文献出版社 1996 年版，第 457 页。

白区春秋　游击战争

　　从 1927 年大革命"国共分裂"，到 1937 年全面抗日战争再次"国共合作"，在中共党史上统称"十年内战时期"，包括红区和白区。

　　"白区工作十年"，中国共产党主要分两层：中央领导层，从"八七会议"开始到临时中央转移苏区❶（1927—1932 年底），中断三年后，1936 年初刘少奇代表中央回归，联系建立全国各级组织，并重新大发展；第二层全国各级党组织，1932 年与中央断线失联后，大部分停止活动，仍在坚持的也是分散隐蔽，影响甚微，所以叫"几乎损失百分之百"。1936 年春刘少奇代表中央恢复和新建起领导，又井喷式发展至 1937 年 7 月为止。

　　全面抗战开始后，地下党秘密工作和隐蔽战线工作，后称社会部或城市工作部的工作，绝大部分在华北和华中，实际上长期由刘少奇领导或总负责，但就不叫"白区工作"了。

---

❶　从刘少奇等陆续撤离，至博古、陈云于 1933 年 1 月 17 日最后撤出，中央对白区领导中断。

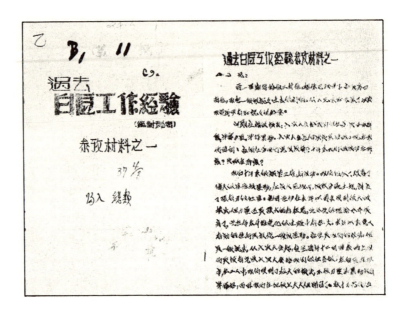

图为 1937 年 3 月 4 日刘少奇给中共中央政治局常委负总责的洛甫（即张闻天）一封信的油印件。他在信中指出了自己对党从八七会议以来所犯的一系列"左"倾错误的怀疑和反对。并建议党中央就此问题作一明确指示，以促进党的白区工作尽快地转变到正确路线上来，使其更好地适应已经到来的新的革命形势。这封信在延安整风时被党中央指定为高级学习组的重要学习参考材料之一。

白区会议风波起，
肯定正途毛泽东

对此，后文还要多说些，并期望读者学者详查探索，开辟研究新天地。

所谓中共的"白区工作路线"，1927—1932 年是"左"倾错误路线为主，但有正确的部分和抗争；中断三年（几乎损失百分之百）后，1936 年春至 1937 年 7 月逐步"转变"为正确路线。所谓路线的正确与否，是由实践的结果验证出来的。

1937 年 2 月、3 月，刘少奇给总书记张闻天连写多封长信，再三重提他在遵义会议上出的题：全面检讨从"八七会议"以来中共中央的政治路线错误。❶

5 月 17 日，在延安召开中共白区工作会议，由政治局

---

❶ 中共中央文献研究室编：《刘少奇传（1898—1969）》（上），中央文献出版社 2008 年版，第 228—233 页。

成员与北方局所属省特委以上二十多位负责人出席，由张闻天、刘少奇主持。父亲作两万五千言的《关于白区的党和群众工作》报告，深刻地总结惨痛的教训，尖锐地揭露错误的传统，特别是彻底转变关门主义、冒险主义、宗派主义等，引起巨大震动。

会议热烈讨论、激烈辩论、猛烈争论，甚至有领导当场悲愤气死过去！北方局书记高文华，强烈抵制父亲的报告，当场愤懑晕厥倒地，急救抬出。而朝鲜共产党（后改称劳动党）创始人、天津市委书记李铁夫，曾身受"残酷斗争，无情打击"之害，激烈谴责"错误的传统"，坚决拥护刘的报告、为现实中白区工作的新高潮欢呼，当场激奋吐血送医，抢救无效。这位年仅36岁的朝鲜国际主义革命家，走完光辉的一生！❶

会议"吵"了十几天，指责刘少奇"老右"（一贯的右倾机会主义）之声再起，而维护呼声也日盛。为此，中央政

1937 年 5 月，刘少奇在延安参加了中共苏区党代表会议，被选为会议主席团成员，他在会上作了《关于政治问题的讨论》的发言。

---

❶ 党中央在延安为他举行隆重送行，张闻天、毛泽东、朱德、刘少奇等出席。

治局专会决策。父亲后来叙述：会上多人"说我在北方局有路线错误。洛甫（张闻天）写了十五年（1921—1936年）经验总结，说他们一贯正确，没有路线错误。我与他们辩论，他们驳不倒我。他们一面说我路线错误，一面还要我做北方局书记，我辞职不干了，他们还是让我干，因为他们不懂党的工作、工会工作、白区工作"❶。6月3日，毛泽东态度鲜明地长篇发言，肯定了刘少奇的报告，说道："他一生在实际工作中群众斗争和党内关系，都是基本上正确的，他懂得实际工作的辩证法。他系统地指出党过去在这个问题上所害过的病症，他是一针见血的医生"❷，明确指出"我们党中存在着错误传统"，要"来一个彻底的转变"。毛泽东还谈道，过去"对少奇问题的处理态度上是完全不对的（不分青红皂白的打击，不尊重他的意见，几次的组织结论）——并以之对付一个中央的领导同志"，"今天应该作出正确的结论"。

按毛泽东的意见，中共中央负总责、会议主持人张闻天在总结中作出了"正确的结论"，肯定刘少奇的报告和成绩。❸毫无疑义，毛泽东说"对少奇问题完全不对的……几次组织结论"，指的就是刘少奇1928年在顺直省委、1929年在满洲省委和1932年在中央职工部所受的"不分青红皂白的打击"。我认为，这是中共中央第一次肯定父亲"基本

---

❶ 刘少奇：《同朱理治的谈话》（1964年10月4日）。
❷ 中共中央文献研究室编：《毛泽东年谱（1893—1949）》（修订本）上卷，中央文献出版社2013年版，第679页。
❸ 中共中央文献研究室编：《刘少奇传（1898—1969)》（上），中央文献出版社2008年版，第229—241页。

上正确"。

　　关于中央路线的是非对错，明摆桌面对阵，这是第一回合过招。谁都明白，争论的是"白区"，检讨的可是包括红区在内的、1927—1937年中共中央十年的政治路线。

　　这次会议的缺点错误十分明显，父亲后来说"结果是不好的，困难不独没有减少，反而增加了……这个白区工作会议所留下的恶劣影响，是很久以后还没有最后消除的"❶。但会议对"白区工作"，开始以实践的结果作为检验真理的标准。刘少奇"关于白区工作的经验总结，却受到了全党的重视，

1937年7月7日，抗日战争全面爆发。8月初，刘少奇根据中共中央的指示，在太原组建北方局新的领导机关，刘少奇任书记，杨尚昆任副书记。图为刘少奇（右一）在抗日前线同彭德怀（右二）、杨尚昆（右三）合影。

---

❶　刘少奇：《六年敌后工作经验的报告》（1943年3月）。

并且在抗日战争和解放战争的白区工作中起了重要的作用"❶。

白区工作会议刚结束，1937年7月7日爆发卢沟桥事变，历史进入全面抗战新阶段，国共合作正式确立。史上唯此一次的白区工作会议，成为中共"白区工作十年"结束的标志。直到四年多后的1941年"九月整风会议"，成为"改造的关键"（毛泽东语），中央层形成新白区观。而六年多后的1943年"九月会议"，全党认同。但真正确立"白区工作"的"正确路线"，已是过八年的中共七大前后了。

"七七事变"当天，正好在延安的父亲，代中央书记处给北方局起草的指示中就提出："准备进行艰苦的游击战争"。而早在近一年前的1936年8月，他致信北方局各级党委，预见平、津、青岛等重要城市将失陷于日军魔掌，明确指示，我党一切工作目标就是在乡村进行广泛的游击战争，"参加与组织反日游击运动"。❷此时，与中央各主要领导商议后，他先赶到抗日前方指挥部向彭德怀传达了中央精神，又马不停蹄到前线的太原。

平、津、青岛等城市果然相继失陷，刘少奇亲任书记，重建北方局，指挥地下党：尽力做好隐蔽工作，将有可能暴露的同志，全部撤到新驻地山西。

1937年8月3日，刘少奇致电张闻天，提出抗日游击战争的战略构想，要求把游击战争作为共产党地方组织的主要任务。8月22日至25日，党中央在洛川会议上，通过毛

---

❶ 邓小平：《在刘少奇同志追悼大会上的悼词》（1980年5月17日）。

❷ 《中共北方局给各级党部的指示信——华北政治形势与党的任务》（1936年8月25日）。

刘少奇在太原期间，参加了八路军和北方局的主要领导干部会议，初步讨论和确定了开展敌后游击战争的方针任务。太原失守后，他领导北方局进一步提出要广泛地开展游击战争，要扩大八路军到拥有数十万人枪的强大的集团军，要建立很多的抗日根据地。为了培训干部，在他指导下开办了党员训练班，刘少奇曾亲自为学员讲课。图为北方局机关旧址——山西太原成成中学。

泽东"放手发动独立自主的山地游击战争"的报告和"持久战"方针。刘少奇因正忙于敌后和前线指挥，没有参会。❶

25 日，红军改编为八路军，摘下红五星、戴上青天白日徽，陆续开赴山西。此间，党内军内领导层的思想很不统一，多数人认为，我们的武装力量必须全力配合国民党军，进行正规化的运动战，顶住华北日军进攻。周恩来 9 月 5 日到太原，与阎锡山、卫立煌商定拉开阵势。

9 月 21 日，朱德、彭德怀、任弼时、贺龙、关向应等率八路军总部也赶到太原，当天下午就和周恩来、北方局一

---

❶ 中共中央文献研究室编：《刘少奇年谱（1898—1969）》上卷，中央文献出版社 1996 年版，第 184—188 页。

起召开紧急会议，会上发生重大争论。❶

　　刘少奇仍是"卷旗不缴枪"，坚持洛川会议战略方针。他说，我党所领导的部队就一个八路军（新四军尚未组建），还有刚成立的"半个决死队"，以及地方游击队，加上敌占区地下党人，是我们拥有的全部力量。打正规战不会有大的作为。我们当然要服从统一战线，但这个统一战线必须是正确的。蒋介石排斥异己、个人独裁，"中国是不能统一的"，与人民的"和平也不能保持"。因此，国民党实在靠不住，几十万国军必败。"我党至今还是中国革命的唯一领导者"，我们应该独立自主运用"拿手好戏"——"今天华北人民的中心任务是广大地组织与发展抗日游击战争"，并建立根据地和抗日民主政权。❷刘少奇强调："游击战主要是在敌后进行的，是站在抗战的最前线，是最困难进行的"，这是中国共产党应站的岗位，是"党的全盘工作中之中心环节"。

　　那天，大家畅所欲言，争论非常激烈，包括一些中央和军队领导在内的多数人，都反对刘少奇的意见，甚至有人（如稍后的王明）指责刘为"老右""失败主义"等，争论到凌晨，激辩的情况上报延安。第二天毛泽东就回电支持刘少奇，"今日红军在决战问题上不起任何作用，而有一种自己的拿手好戏，在这种拿手好戏中一定能起决定作用，这就是真正独立自主的山地游击战（不是运动战）……使战略方针归于一致"；第四天毛主席又追来电报，与少奇的意见一致，

---

❶　参见王双梅：《刘少奇与抗日战争》，中央文献出版社 2005 年版，第 88—89 页。

❷　《刘少奇选集》上卷，人民出版社 1981 年版，第 72、73、81、88、255 页。

"应以游击战争为唯一方向……华北正规战如失败，我们不负责任。但游击战争如失败，我们需要负严重的责任……要告诉全党，今后没有别的工作，唯一的就是游击战争"，[1] 必须服从洛川会议精神。毛泽东的话，几乎与刘少奇的言辞语句都近似相同。父亲到北方局之前，1935 年 11 月 18 日瓦窑堡政治局会议中，就针对游击战争进行过讨论。[2] 当时，会上不同观点很多，而刘少奇和毛泽东的观点惊人地一致，他俩都属"赞成派"。

26 年后，毛泽东回顾："过去我们都不会打仗，也没有准备上山打游击，我是搞工人、农民运动的，职业是小学教员。但是敌人要抓我们，杀我们，我们被迫上山打仗。不过，如何打仗还是不会，从来没有学过。我们向蒋介石学，向敌人学，打了十年。后来日本人打过来，我们又跟着日本人学打仗。我这一辈子就是在打仗中过的，一共打了二十二年"[3]。刘少奇又何尝不是如此？革命和战争都是极端残酷的，被逼无奈才在战争中学，特别是从敌人那里学，总结成功的经验，吸取失败的教训，在实战中修正提炼、上升到理论，又指导战争接受检验。在人类所有活动中最严酷、最没有规则的实践中，打出最硬的根本道理！

历史上，国内外军事理论都没有游击战争这一说。游击

---

[1] 中共中央文献研究室编：《毛泽东年谱（1893—1949）》（修订本）中卷，中央文献出版社 2013 年版，第 23、25 页。

[2] 中共中央文献研究室编：《刘少奇年谱（1898—1969）》上卷，中央文献出版社 1996 年版，第 142—143 页。

[3] 《建国以来毛泽东军事文稿》下卷，军事科学出版社 2009 年版，第 199 页。

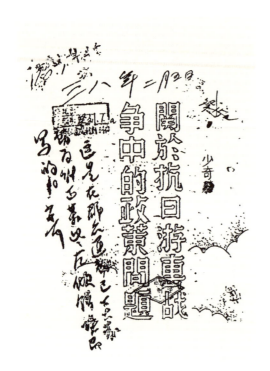

战，古今中外皆有，但属于小规模袭扰，历来不登大雅之堂。将之上升为战略甚至战争层次，提出人民战争这一概念，则是以毛泽东为代表的中国共产党人的伟大创造。毛泽东思想是我党集体智慧的结晶，其中理所当然包括刘少奇所作出的贡献。毛、刘均反复强调游击战争概念，并将之成功地运用于实践，逐步上升为理论。此时，毛、刘又同时提出"持久战"。专门考证下来，最早较系统论述游击战争，最早见诸文字公开发行的专著，是刘少奇发表于 1937 年 10 月的《抗日游击战争中各种基本政

刘少奇于 1938 年 2 月 5 日发表的《关于抗日游击战争中的政策问题》小册子的扉页。

策问题》；1938 年 2 月他再出版另一篇专著，后被称为刘少奇"论述游击战争的姊妹篇"。❶ 因为面临崭新的重大课题，从理论到实践都困扰着我党我军，这本合编小册子《关于抗日游击战争中的政策问题》，为统一北方局和八路军很多同志的思想，在各种军政训练班讲授，下发各级军地干部，❷ 火烧眉毛，应时而兴。接着，公开向社会发行、实战践行。

游击战争打天下，
战歌唱响传今朝

---

❶ 中共中央文献研究室第二编研部编著：《刘少奇军事画传》，贵州人民出版社 2009 年版，第 86—89 页。

❷ 1937 年 10 月 16 日，由解放出版社发表单行本，署名陶尚行。第二篇是 11 月 15 日党内决定，又与第一篇合并发表。节选收入《刘少奇选集》上卷，人民出版社 1981 年版，第 80—89 页。分别改名为《抗日游击战争中的若干基本问题》《独立自主地领导华北抗日游击战争》。

父亲写道："共产党人素来不隐瞒自己的政治主张，共产党愿意自己成功，也愿一切抗日的政府、军队、团体、党派和游击队大家成功，所以共产党愿意提出自己对于抗日游击战争中的全部基本政策，贡献给华北一切从事抗日的……志士之前"。"最后的胜负要在中国的持久抗战中去解决"！自然，日寇也当成"防范"教科书，但帝国主义者学不会、更对付不了！

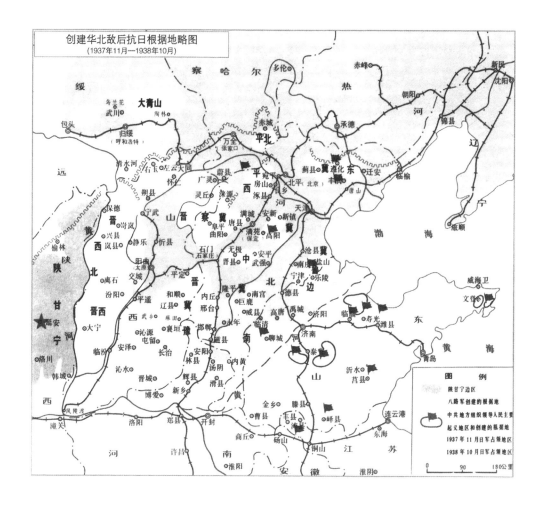

创建华北敌后抗日根据地略图
(1937年11月—1938年10月)

随着伟大的游击战争打遍天下，满世界唱起《游击队之歌》，经久不衰！正如刘少奇宣言："游击战争将告诉全世界，华北人民为保卫华北的每一寸土地而血战到底！"❶

历史验证，刘少奇为毛泽东军事思想的丰富和发展作出了创造性贡献。

近八年后，在党的七大上，彭德怀总结经验教训时讲道：这一道理"在今天看来，是极平常简单的，是很容易的，但在当时是很不容易的。由城市转入农村，由运动战转为游击战，是件不容易的事。在这里证明了刘少奇同志，不仅有白区城市工作的经验，他也懂得农村的敌后战场。"❷

此处说明，以免引起不必要的误解：当时，中央和军队许多高层领导并不是反对游击战。事实上，早在红军时期，他们就是游击战争的创始人和伟大实践者。只是在那一特定时期他们认为，应协助国民党军打运动战，才能抵抗住日寇大举进攻。平型关大捷堪称正规运动战的典范，超棒！但却助长了以此类作战为主的观点。父亲也从未反对运动战、正规战，而是主张"以游击战争为中心任务"，以持久抗战解决胜负。正是"游击战争的姊妹篇"中说："在游击战争继续扩大与胜利的过程中，将转变到以正规战为华北人民抗日的主要斗争方式，最后驱逐日军出华北"。刘少奇一贯认为，在党内展开正当的争论，严肃认真地发表不

❶ 《刘少奇选集》上卷，人民出版社1981年版，第82页。

❷ 中共中央文献研究室第二编研部编著：《刘少奇军事画传》，贵州人民出版社2009年版，第77—85页。

八路军挺进平原作战要图
（1938年4—10月）

图 例
━━▶ 八路军挺进路线
─ ─▶ 八路军转移路线
┈┈➤ 八路军主要作战行动
///// 抗日根据地
///// 中共地方组织创建
的根据地和游击区
///// 日军侵占地区
（1938.9）

0   60   120公里

同意见，是健康和必要的。当时有争论，❶确属正常，绝无
褒贬。

─────────────

❶ 1928 年 2 月 25 日，斯大林、布哈林署名的共产国际决议案，批判中共的
盲动主义、"反对玩弄暴动"，是正确的。同时，强调"必须反对""沉溺
于乡村中的游击主义"，这成为后来肯定游击战争的一大难点和障碍。见
中共中央文献研究室、中央档案馆编：《建党以来重要文献选编（1921—
1949）》第 5 册，中央文献出版社 2011 年版，第 156—162 页。

直到20世纪70年代以前，军事界普遍认为：靠游击战不可能取得战争胜利，打赢战争必靠正规战，包括运动战。而中国、朝鲜、古巴、越南的实战成功，证明游击战争无疑是一种战争形式，一系列实战和理论总结，证明游击战争的正确性和有效性（现在甚至还包括中东数国战争）。越南打赢美国后，世界才不得不承认了这一概念。包括美国军校也专设热门课程讲游击战争——人民战争，并承认是中国共产党的发明。其创造发明权，应该归功于毛泽东、刘少奇、朱德、彭德怀等中国共产党人。这是那一辈军人从实践中打出来的概念和理论。游击战并不新鲜，但将之上升为游击战争，上升为理论又成功地指导实践，上升为依靠人民的战争并视之为取胜的法宝，当之无愧是世界军事史上的伟大创举！

1938 年 6 月，八路军第四纵队挺进平北、冀东，开展敌后抗日游击战争。

"平原游击战"，是游击战争中极富创造性、极为夺目的，几乎无人不知。而鲜为人知的，是刘少奇最早提倡并领导"河北平原的游击战争"。1937年9月，他积极动员开展山地游击战的同时，把华北平原地区也划为游击区，认为虽然"地形利于敌而不利于我"，但群情激昂，我党武装进入，广泛组织民众，"能更有力地钳制敌人"。随着成功的实践实战（吕正操为司令），建立起平原抗日根据地（黄敬为书记），证明人民是创造奇迹的真正英雄！1938年3月，父亲高度赞扬力推，"更大发展河北平原的游击战争"，"不管山地也好，平地也好，最重要的任务是：最广泛地发动华北民众走上抗日战场，拿起武装和日寇拼命，并建立巩固的抗日根据地与日寇长期战斗！"❶

　　1938年4月21日，毛泽东、张闻天、刘少奇联名电报指示，在河北、山东发展平原游击战争。之后，在冀中、冀南、冀鲁豫、山东的广大地区协助八路军开辟游击战场，打击日寇，有效支撑人民武装力量的大发展。❷

　　"冀东大起义"，几乎少有提及。更鲜为人知的，这是刘少奇组织并领导的。全面抗战伊始，父亲即把冀东划为"游击战略区"，"准备迅速发动抗日武装起义"，委派"老冀东、老满洲"马辉之❸前往河北省委任书记、替换出原书记李

---

❶　刘少奇：《华北地区工作经验》（1938年3月21日）。

❷　中共中央文献研究室第二编研部编著：《刘少奇军事画传》，贵州人民出版社2009年版，第104—108页。

❸　马辉之，武汉工人纠察一队队长，曾任满洲省委、河北省委领导，从草岚子监狱营救出来的老同志。

刘少奇留在延安，继续指导北方局的工作。1938年7月，他具体指示和领导冀东22个县20万人举行了抗日大暴动。图为参加冀东暴动的一部分部队。

运昌 ❶，加强到冀东特委任书记，调"一二·九"时学联党团书记，时年20岁的天津市委书记姚依林，任河北省委秘书长。刘少奇又同八路军总部朱德、彭德怀联署电令，调派八路军第四纵队宋时轮、邓华五千多人奇兵深入，接应加强起义。

1938年7月6日，在日军统治数年的后方爆发"冀东大起义"，波及二十多个县，一举占领九座县城。须知，那是日军气焰最嚣张、国人屈辱最迷茫的时期，华北陷落，上海陷落，南京陷落，华东、华中大部陷落，武汉大战正酣，突然在敌后异军突起，拉出十万武装，爆燃大战火！阴霾沙场亮战旗，水深火热逞英豪！

----

❶ 李运昌，黄埔军校、农民运动讲习所学员，顺直省委时在京东党组织，也在满洲省委工作过。

回述两个背景：建党以来，开滦煤矿的工人斗争前仆后继、可歌可泣；重复前述的 1928 年，适逢党内发生"京东请愿团"事件，刘少奇指出，地下党与其搞清谈、闹无原则纠纷，毋宁积极动员准备冀东抗日暴动（李运昌正在），之后又以顺直省委名义提出"在工农群众中做军事组织与训练工作，实在是本党最严重的任务"，"在军队中做组织与宣传工作……争取广大士兵群众参加革命是最主要的军事工作"。❶

冀东暴动风雷劲，
水深火热逞英豪

而这次暴动，与开滦煤矿工人纠察大队长、工人英雄节振国互为表里又令人瞠目的，正是日伪军警七八个旅、拳门枪会成千上万人的觉醒义举。❷

这场抗日"大地震"，极大地震撼了中国，激励了民心！冀东人民英勇顽强抵抗日军的疯狂镇压，损失虽惨重（加被烧杀的百姓超过唐山大地震死难者数字），却真是"坚持游击战争"，建起冀热辽根据地。"老满洲"马辉之、李运昌（都在满洲工作过）还联系上东北抗联！

这期间，刘少奇直接领导，现存的电报信件、命令指示诸多，❸ 并着重称其为"很值得研究的人民大起义……这是真正地发动了几十万群众来进行反对日寇汉奸的武装斗争"❹！

---

❶ 中共中央文献研究室编：《刘少奇年谱（1898—1969）》上卷，中央文献出版社 1996 年版，第 87—88 页。

❷ 刘威：《伪军反正研究》，《沧桑》2008 年第 2 期。

❸ 中共中央文献研究室第二编研部编著：《刘少奇军事画传》，贵州人民出版社 2009 年版，第 109—116 页。

❹ 刘少奇：《六年敌后工作经验的报告》（1943 年 3 月）。

抗日战争一结束，李运昌和冀热辽军区一部最先进入东北。后来成为解放军第四野战军的一部分（解放军四十、四十一、四十二、五十四军各一部）；宋时轮、邓华部队进入解放军第三野战军（后解放军二十七军）。抗美援朝时，这两支部队都参加志愿军，把美军打得屁滚尿流，创出全歼美军最大建制部队的历史纪录，声震全球！

这往前，可以追溯到"冀东大暴动"；或许再往前，可否追溯到顺直省委的前期准备？——诸果皆有因，先果为后因。那么往后，可否延续想到今天满世界的"平原游击队"？这一切，肯定是令河北人民最为自豪的英雄壮举，肯定是令中国人民倍感钦佩的惊世奇功！

创建抗日根据地，
艰苦卓绝扎住根

❶ 中共中央文献研究室编：《刘少奇年谱（1898—1969）》上卷，中央文献出版社 1996 年版，第 477 页。

路线是非　决定国运

这里，再重复几句背景。

1931 年 1 月，在中共六届四中全会上，因共产国际代表米夫操控，连中央委员都不是的王明成了政治局委员，推行比"立三路线"还"左"的错误路线。

顾顺章、向忠发和卢福坦先后被捕叛变，临时中央被迫陆续转移。王明暂时主持了几十天中央工作，就委托 24 岁的博古（四中全会前也不是中央委员）总负责，自己挂上中共代表团团长的牌子赴苏联。在共产国际大会上，王明被选为主席团委员、书记处候补书记，公布名单时与斯大林、季米特洛夫（共产国际总书记）、台尔曼（德国共产党总书记、共产国际书记）等七位得到"暴风雨般的掌声"，头像并排上了《真理报》，可谓"炙手可热势绝伦"，身价百倍。

1937 年 11 月，离国六年的王明，代表共产国际回到延安，俨然成了天上掉下来(毛泽东当时说"喜从天降")的"太上皇"。他指示中共：必须"一切经过统一战线、一切服从抗日"。同样是他，过去是极左地"打倒一切、一切不合作，老子天下第一、一切斗争到底"（刘少奇语），猛然转到右的

1937年12月，刘少奇从山西临汾返回延安，出席中共中央政治局会议。图为出席会议人员合影。前排右起：刘少奇、陈云、王明、凯丰、项英。后排右起：毛泽东、周恩来、秦邦宪、林伯渠、张国焘、张闻天、彭德怀、康生。

"两个一切"。拿现在话说，大家都懵圈儿了，就任命王明为中央书记处书记。接着，召开"十二月会议"，王明作报告否定毛泽东及洛川会议方针，毛处境异常困难。❶似是而非多颠倒，真伪混淆分歧路，痼疾又重发。

　　刘少奇深知共产国际和王明就里，站在毛泽东一边，以华北的抗日高潮和国民党的不可靠反驳王明。因此，父亲再度被冠以"老机"（老机会主义）遭到围攻。王明点名批刘"过分强调独立自主"、过分强调游击战争的作用、游击战争"小册子提的太多"，明确指斥建立抗日民主政权为"不能允许的行动"，"对战争的估计是失败主义"。❷

---

❶　中共中央文献研究室编：《刘少奇传（1898—1969）》（上），中央文献出版社2008年版，第274—277页。

❷　自称"百分之百的布尔什维克"的王明，大段背诵1928年2月25日斯大林、布哈林署名的共产国际决议案，反对打游击战争，批判毛泽东和刘少奇是右倾失败主义（指"国民党必败"）和"左"倾盲动主义（指"游击战争"和建立抗日根据地）。

历史往复谕示：真理最初常在少数人手里！"市中可信有虎"、毛刘一同挨批，胸中自信有为、他们同守战壕。激烈地抗辩和抵制，使会议没能形成错误决定。❶

南京沦陷后，极其自负的王明（中央书记处书记兼统战部长）带团到武汉见蒋介石。出于对苏联援华抗日需求，蒋介石还算重视王明，听多了夸夸其谈，出乎意料，根本不甩什么共产国际书记或"中共原代理总书记"，倒是照顾周恩来的面子。在长江局，王明更是大力推行"两个一切"的右倾路线，跟着国民党走，不许建立独立政权等。项英负责，将坚持在八省十四区的游击队收拢，组建成新四军，自然完全听信并执行了王明的主张。

当时，王明是"党外步步投降，党内处处独立"（周恩来语），中共中央常委在延安只有张闻天、毛泽东和陈云三位，在长江局有王明、周恩来、博古和项英。王明认为，长江局占了常委的多数，没把延安放在眼里，持对抗立场，严重违背组织原则，拒不遵守组织纪律。武汉即将失陷，王明、周恩来与博古随到重庆，又回延安，项英留在新四军军部任长江局书记。后来，批判王明"另立中央""分散主义""武汉中央化"，❷ 就指的这半年多。

插一句家庭要事：在武汉期间，与何葆贞同狱的难友夏之栩妈妈受父亲委托，在恩来伯伯关怀下细致查访，找到被

---

❶ 中共中央文献研究室第二编研部编著：《刘少奇军事画传》，贵州人民出版社 2009 年版，第 97—100 页。

❷ 周恩来：《在中央政治局整风会议上的讲话》（1943 年 11 月 27 日），见《胡乔木回忆毛泽东》（修订本），人民出版社 2014 年版，第 298 页。

在白区斗争的险恶环境中，刘少奇夫妇将女儿爱琴寄养在汉口一个工人家里。后爱琴因寄养人家生活困苦被卖为童养媳，1938年春，周恩来派人设法找到，送回延安。不久，刘少奇六哥刘云庭也把一直在老家寄养的刘少奇的大儿子允斌送到延安。只有小儿子允若此时还流落在苏北农村，直到抗战胜利后才由叶剑英找到送回刘少奇身边。图为刘少奇和亲属的留影。左起：刘允斌、刘少奇的哥哥刘云庭、刘少奇、刘爱琴、刘少奇的侄子。

卖作童养媳的我大姐刘爱琴，亲自带回延安。父亲初见11岁木讷胆怯的女儿，说了句"太瘦了，真是太瘦了"，就将女儿紧搂怀中！一直紧张呆滞的孩子，放声大哭！项英精心安排，派人到老家联系上我大哥刘允斌（保华）。不久，我六伯刘云庭送允斌、允明（六伯长子）到延安，回父亲身边。小哥俩成了"三八式红小鬼"。

"十二月会议"后，刘少奇和彭德怀带几十名干部回前线。

前面说到，刘少奇提出要在短时期内发展"数十万人枪"的人民武装。❶ 通过北方局全力发动，到1938年底八路军扩军近20万，加地方部队、游击队、武装民兵，真的发展到几十万人枪！而国民党军抗日一败涂地，大多溃散逃离，

---

❶ 《刘少奇选集》上卷，人民出版社1981年版，第82、260页。

| 124 | 梦回万里 卫黄保华 |

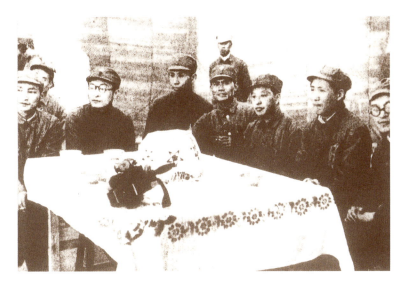

1938 年，刘少奇与中央其他几位领导同志在一起。前排左起：陈云、王稼祥、刘少奇、邓发、王明、毛泽东、张闻天。

我人民武装成为华北敌后"最大的军队"（刘少奇语）！

刚才说到，1936 年初北方局仅有 30 多名党员，一年后党员已经发展到 5000 多名。按现在 8900 多万党员来说，这不算多，但从 30 多人到 5000 多人，还不算全国各地区党组织得以恢复发展的人数，已是百倍的增长啊！共产党在极其凶险的白色恐怖环境中，搞起如火如荼的群众运动，发展成百上千的党员，堪称奇迹！再一年（1938 年）党员 17 万人，中国共产党早已成为华北地区"最大的政党"（刘少奇语）！

八路军进山西时，刘少奇说我们有了抗日的旗帜，需要人枪，需要钱粮，最重要的我们应该有个家呀！"这个家就是根据地，就是抗日民主政权。"❶ 必须马上建个家，建

❶ 《星火燎原》第 6 册，中国人民解放军战士出版社 1981 年版，第 379 页。

立根据地。他发出大量电报，指示彭真（代理北方局书记）、聂荣臻（一一五师政委）如何在晋察冀建立根据地（调北方局黄敬为书记）；❶又给贺龙（一二〇师师长）、关向应（一二〇师政委）和林枫（北方局副书记）发电报，❷指示如何建立晋西北、晋绥根据地；并依托八路军总部彭德怀等，建立晋东南根据地。同时，开辟山东、冀中、冀鲁豫、冀热辽。

父亲明示："这种政府当前的迫切任务，是领导抗日游击战争并取得胜利。因此，它施政的基本任务应该是：一、普遍地武装人民，动员人民参战；二、保障人民的民主权利；三、改善人民的生活；四、肃清汉奸，取缔一切阻碍与破坏人民参加抗日战争的行为"❸。一块块根据地的建立，不仅与国防、军事和军队建设息息相关，也标志着中国共产党着手建立"新中国的雏形"（刘少奇语），向建国迈出一大步。❹

最大的政党、最大的军队、最强的政权、最大的地盘。阿基米德说："给一个支点，我就能撬动地球"。正是人民给了共产党、给了刘少奇及其战友们这个支点，他们已撬动整个中国，也将撬动整个世界！

1938 年 7 月，王稼祥从苏联返回，传达共产国际的指

---

❶　赵勇田：《黄敬在冀中》，《中共党史资料》2009 年第 2 期。
❷　《刘少奇选集》上卷，人民出版社 1981 年版，第 92—93 页。
❸　《刘少奇选集》上卷，人民出版社 1981 年版，第 89 页。
❹　中共中央文献研究室编：《刘少奇传（1898—1969）》（上），中央文献出版社 2008 年版，第 280—295 页。

1938 年 5 月，刘少奇同毛泽东等一起参加延安各界举行的"五一"节庆祝活动（左二为刘少奇）。

示：肯定毛泽东的政治路线。9 月至 11 月，中共中央召开了"决定中国之命运的"❶六届六中（扩大）全会，父亲为主席团成员。

开始阶段，先开了十几天政治局会议。王明先声夺人，抬出"国际"吓，乱扣帽子压，继续他的"一切经过、一切服从"那一套，俨然掌控主导局面。此时武汉失陷，急令项英返新四军。

会议的后半段，毛泽东作了酝酿已久、胸有成竹的报告，议程大转折；刘少奇等多数同志的报告和发言，使会议整体大翻盘。经过异常激烈的争论，否定了王明的路线和

❶ 《毛泽东文集》第三卷，人民出版社 1996 年版，第 425 页。

1938年9月29日至11月6日，中共中央在延安召开扩大的六届六中全会。会议批判了王明的右倾错误，决定撤销长江局，设立中原局和南方局。刘少奇任中原局书记。这是全会主席团成员的合影。前排左起：康生、毛泽东、王稼祥、朱德、项英、王明。后排左起：陈云、博古、彭德怀、刘少奇、周恩来、张闻天。

"配合国军打运动战"主张，肯定了洛川会议的战略方针，肯定了刘少奇对王明的批判，肯定了北方局独立自主进行游击战争和建立根据地的正确性。

前面简述了1937年6月的白区工作会议上，毛泽东曾说：过去"对少奇问题的处理态度上完全不对的……应该作出正确的结论"。这次全会上，毛泽东在政治报告中，代表中央政治局正式作出结论：对"左"倾宗派主义错批错整的同志予以平反。按今天能理解的口头语叫"一风吹"，其中当然包括对父亲受到的批评及撤职处分予以纠正。总结时，毛主席又强调宣布："少奇同志历来是正确的，过去的帽子（1932年在中央职工部）、打击（1929年在满洲省委）、批评（1928年在顺直省委）等等是不对的"。❶ 这是一年前在白区工作会议上肯定刘少奇"基本上正确"后，在中央全会上再次给他平反作"结论"，并进一步确认，父亲"历来是正确的"。这也是第一次在党的全会上，对以往的错误路线冠以"'左'倾宗派主义"作出结论。

会前的政治局会上，毛泽东支持，刘少奇提出"民主集中制的基本原则：个人服从组织，少数服从多数，下级服从上级，一切领导集中于中央"。父亲自述，政治局决定，由他以中共六大选举出的中央审查委员会书记（主席）身份主持，与王明、康生两位时任中央书记处书记组成中央工作规则起草委员会，负责起草我党第一份党法党规党纪的报告和决定。

会议还确定了"巩固华北，发展华中"的战略方针；撤销长江局，成立中原局、南方局、东南局❷——基本是将原长江局所辖地域一分为三，以"发展华中"为重点。巩固壮大华北很好的局面，同时全党把发展的重心转移到华中地区。

华北的"轰轰烈烈"与华中的"冷冷清清"（毛泽东语）形成鲜明对照。武汉会战之后，华中地区基本上遍地是枪、到处是匪，国民党军队战败后仍留在敌后，与日军犬牙交错，恰恰就是没有共产党军队。当时，新四军在

---

❶ 中共中央文献研究室第二编研部编著：《刘少奇军事画传》，贵州人民出版社 2009 年版，第 118—120 页。

❷ 中共中央文献研究室编：《刘少奇传（1898—1969）》（上），中央文献出版社 2008 年版，第 308—314 页。

"国统区"，一无地盘，二无政权，枪弹和粮食都得找国民党要，难以发展。到处要钱要粮要装备，成了叶挺军长最重要的事务。蒋介石再三催逼，新四军分兵江北敌后作战，断了后勤不说，连兵源都成了大问题，顽强坚持，进退两难。❶

刘少奇又成为不二人选，被任命为中原局书记，再次"深入虎穴"。马不停蹄，他继续披荆斩棘"长征"，开辟新天地。

---

❶ 参见王洪光：《皖南事变真相辨析》，《军事历史》2011 年第 3 期。

逐鹿中原　正党保民

　　遍观史籍，乱局盛世，一把笤帚扫天下，孤寡圣主治江山，美传山呼不绝，从未真有其实。近贤臣、远小人，识人善任，量才选能，大度包容，群英毕至，虽千古明训，却知易行难。无论在白区或红区，不管在革命战争或和平建设中，摈弃奸邪，擢拔忠良，无疑为克难制胜之首要。而成就愈大的事业，不仅要选用愈多的人才，更要善于造就出百千万众之英才群体！

轰轰烈烈遍华北，
白手起家中原局

　　新成立的中原局辖长江北、陇海线南的豫（原属北方局）、皖、苏、鄂广大地域。1938 年 11 月，刘少奇仍化名胡服，前往杨靖宇的家乡、老红色游击区——河南省确山县竹沟镇，组建中原局。

　　当时，要打开局面，最需要的是大量干部，更急需成熟的老干部。父亲叙述，他多次向中央要，而延安也奇缺干部，他干脆提出：可以把有点"问题不清"的同志全给我，在敌后抗日，他们都会是英雄好汉！

　　朱理治、徐海东、戴季英，因处理陕北红军之事在延安多有不便。1937 年夏，刘少奇安排原北方局代表、陕甘晋省委书记朱理治为河南省委书记，此时又依托河南省委建中

徐海东

原局，朱任委员兼组织部长；徐海东到江北  的新四军四支队任司令，戴季英任政委。

李先念、刘瑞龙、王必成都是四方面军的老战将。刘少奇派李到鄂中、鄂豫挺进支队，与陈少敏（支队政委）开天地；派刘瑞龙到豫皖苏，同彭雪枫辟江山；派王到粟裕部任团长，当旅长。❷

原红三军团的彭雪枫和原红九军团的罗炳辉在"山西特殊形式统一战线"时，到太原八路军办事处（与北方局同驻地）任主任、副主任。父亲又把他们要来，安排罗先在陈毅部当副职，后任江北的新四军五支队司令；彭先到河南任军事部长，后任豫皖苏的六支队司令。以上仅列举少数。

当时，父亲恨不得把在延安能带走的干部全都要来，对有思想包袱的老同志，他挨个儿进行思想教育，然后分派到各地各处任要职。至于新干部，更是不拘一格、多多益善。

所列鼎鼎大名者，皆为创造了中国历史的风云人物。仅举一位陈少敏。她可谓中国共产党人里出类拔萃、最富传奇、文武双全的女干部，是寡言坚守危难，恬静隐于辉煌的女英雄、女将领。因少见于经传，不为众所周知，故突出简介。

1902 年，陈少敏生于山东寿光的贫困家庭，其父辛亥革命时当连长，思想进步，回乡务农教学。小女随侍，上过几年学，又进教会学校接触现代科学知识。不幸天降大灾，

陈少敏

---

❶　江北为中原局管辖负责。
❷　马苏政等：《王必成同志授衔前后》，《党史博览》2016 年第 6 期。

父亲与妹妹饿病而毙，13 岁的她流浪几百里，到青岛日本纱厂当过两年童工。后被美国文美中学录取，又学知西方的民族独立、民权民主常识，并在多家工厂当工人、搞工运，1927 年入团，1928 年转党。

中共委派原满洲省委的任国桢，到山东任临时省委书记，因单身租不到房子，组织安排 28 岁的省委秘书陈少敏配合工作，假扮夫妻，自然而然，产生感情，结为伴侣。1930 年 8 月，因党组织遭到破坏，夫妻潜回寿光，12 月底，两人来到了北方局所在地天津，任国桢被任命为北平市委书记。次年 10 月，任从唐山市委书记又调任山西特派员，11 月被捕，壮烈牺牲于阎锡山屠刀下。在北平的陈少敏于 1932 年元旦，才知道丈夫牺牲和初生幼女夭折的消息。

1936 年初，刘少奇任中共中央代表到北方局，陈少敏为冀鲁豫特委书记，创造性执行"彻底转变"的指示，工作上取得空前的发展成就。陈少敏对刘少奇的领导，由服从、执行、赞成，到自觉拥护、钦佩、崇敬。1937 年春，父亲送她到延安学习，参加白区工作会议。她像很多"老白区"一样，起初也对刘少奇讲的"白区错误路线"和"损失百分之百"有思想抵触——难道那么多英勇就义的好同志都成了"错误路线"的牺牲品？我们一直拼死革命、斗争不息，怎能叫"损失百分之百"？当年，即使在老红军里，类似这两个疑问，也相当普遍。一直到数年后延安整风、《关于若干历史问题的决议》、党的七大，才逐步解决。实践结果验证，使人心服口服。

父亲在满洲省委时，任国桢为满洲省委委员、哈尔滨市委书记，同为白区老同志，同情同感自然天成。此时，刘少奇绝对是耐心细致地开导说服陈少敏、黎玉（刘少奇派任山东省委书记）包括北方局书记高文华❶等，甚至包容体谅柯庆施。但工作上，必须按纪律和要求，坚决创造性地执行中央和上级的方针，以实效政绩评议核定。

在延安学习时，陈少敏又有一次婚姻。1937 年 11 月结业后，丈夫涂正坤到江西省委任书记，陈随赴当妇女部长。不久，丈夫的原配女红军，从死人堆里爬出寻回。陈力劝丈夫复原，毅然分手。这段凄美婚事，动人心扉。

1938 年 5 月，北方局书记刘少奇以语言不通，社情不适为由，调陈少敏回洛阳特委任书记，后到河南省委（朱理治任省委书记）当常委、组织部长。1938 年底中原局成立，书记刘少奇把陈少敏调来竹沟直接领导。1939 年 4 月，委派她会合李先念，创建鄂中抗日根据地和新四军鄂豫独立支队，任鄂中区委书记兼支队政委等职。不久传来噩耗：6 月 12 日，江西省委书记涂正坤，在国民党制造的反共"平江惨案"中英勇牺牲。

逆境而上、风雨无阻，37 岁的"陈大姐"，成为赫赫有名的"陈大脚（未缠足、'解放脚'）"。百姓传颂"上马手挥双枪，下地赤脚作田"，带兵的好将军、民众的好大姐，鬼子的真敌手、革命的女英豪！ 1941 年，部队改编为新四军五师，她任副政委兼地方党政多职。1945 年，陈少敏被中

---

❶ "七七事变"前，高文华已调延安学习，彭真代理北方局书记、林枫副书记。"七七事变"后，中共中央迁北方局到太原，刘少奇亲任书记。

共七大选为中央候补委员。1946年夏，"中原突围"血战后，父亲派她赴山东老家解放区，与黎玉搭班子领导。

新中国成立后，陈少敏任全国总工会副主席、党组副书记，全国纺织工会首任主席等职。七届七中全会上递补为中央委员，1956年中共八大再度当选中央委员，八届十中全会上增选为中央监察委员会委员。

"文化大革命"时期，陈少敏刚正不阿，捍卫真理。1966年10月中央工作会议的分组会上，她当众走到刘少奇面前，大声要求汇报工会的工作。父亲环视众人说：我知道同志们都担心我。请放心，我一定会坚持真理，修正错误，认真地反思、检讨，生命不息，改造不已。衷心感谢大家的关心。当场，陈少敏泪流不止。

1968年八届十二中全会，刘少奇被"永远开除出党"。表决当口，陈少敏低头伏案，拒不举手。耀邦叔叔向我叙述：康生厉色点名呵斥，坐在前排的陈大姐气得发抖，硬是用头压住双手，真是铸铁成钢的豪杰啊！

"文化大革命"结束后的1977年12月，老妈妈悄然病逝，身边珍藏的遗物，仅一张永远挂在卧室的任国桢相片。陈少敏妈妈，堪称真正的舍生取义！

百折不挠、军民公认的良将领袖，无私无畏、盛世隐名的巾帼英雄！

这里，我们再回到1938年11月。刘少奇到达中原地区后，就提出要扩展军队，反对摩擦。但情势要比华北更为复杂：日、伪、顽、匪盘踞，日寇、汪伪、中央军汤恩伯等、非嫡系韩德勤等，加上占山为王的帮会土匪，蜂拥横行、硬

撒豆成兵大集训，
竹沟盛誉"小延安"

1939 年 1 月，刘少奇从延安抵达中共中央中原局所在地河南确山县竹沟镇。这是竹沟镇中原局所在地旧址。

挤强压。共产党的军队想要在这豺狼蠹蝎之地、犬牙虫蛇之间插足、生存、发展，更难上加难，如赴汤蹈火。长话短说，中原局在竹沟，谋篇布局统一思想，指挥用兵派出干部，融于百姓培训战士，厉兵秣马、蓬勃兴旺，被誉为"小延安"。

不久，父亲又急回延安（朱理治代理中原局书记），完成中央托付的重任要务。周恩来意外摔伤，赴苏联治疗。这段时间，可谓是到处、多方、诸事需要他。仅举一件在当时远悖功利、绝非彰显，日后却历久弥新、隔世生辉的大作为。

1939 年夏，全国抗日已两年，敌后抗战大发展。我党在陕甘宁、华北、中原的党组织和人民武装，呈几何级数增长。群众运动轰轰烈烈，踊跃参军热情高涨。新形势、新党员、新青年、新官兵，对共产党和人民军队是什么组织，什么宗旨，知之甚少。知识青年与工农兵怎么结合？党和军队的文化成分大提升，如何发挥？怎样做合格的党员和战士？谁是楷模榜样？缺少准绳。

1939 年 8 月 27 日，刘少奇在延安机场送周恩来去莫斯科疗伤。

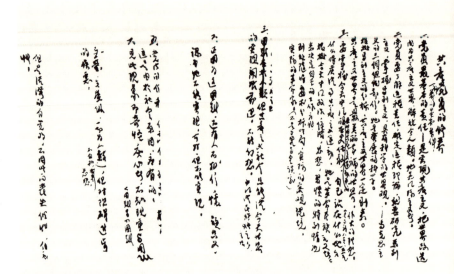

刘少奇《论共产党员的修养》的讲演提纲手稿。这份手稿一直由他自己保存。

途中抽暇讲党课，党建先育革命心

任中原局书记时的刘少奇。

毛泽东（45岁）、张闻天（38岁）和刘少奇（40岁）等，深感必须回答这些大问题。《论共产党员的修养》（简称《修养》）应时而生。

在往返延安途中的河南渑池，父亲手拿几页提纲演讲，反响甚佳。

回到延安，刘少奇又丰富了思想内容。宋平叔叔多次对我回忆：张闻天让他接父亲到马列学院。因听众越来越多，只好站在操场的一张木桌上，刘少奇生动地讲了两天（每天三四小时），实事入情、鞭辟入里，经典哲理、深入浅出。大家完全被吸引住，全神贯注、如饥似渴，甚至忘了记录。宋平记了厚厚一大本，课后不少同志借去补记传抄。演讲轰动延安，整理出部分讲稿压缩提炼，许多精彩的实例、经典和故事不得不删减了。精品发表，成为那一代以至几代共产

刘少奇在延安杨家岭窑洞中修改《论共产党员的修养》讲稿。

1939年7月8日至12日，刘少奇在延安马列学院作了《论共产党员的修养》的报告。当时该院没有礼堂，他是在窑洞外面的广场上讲的。图为延安马列学院旧址蓝家坪。

党员与军人的教科书。

后世之影响，我不评价了。

只讲一段从未公开披露过的故事：1961 年，古巴总统多尔蒂科斯（原为无党派红色律师）在天安门城楼上对刘少奇说："多年前，我很不了解共产党，菲德尔·卡斯特罗给我一本西班牙文的书，告诉我：这是共产党人的'圣经'，一位中国人的著作。"

三十多年后，南非总统纳尔逊·曼德拉，对中国的外交部长吴学谦也说道：被监禁 32 年，一本共产党人的"圣经"，激励我从容以待，是中国人刘少奇的著作。并且，背诵了其中的段落。❶

多尔蒂科斯读《修养》时与曼德拉一样，并非共产党人。他们都曾有倍感迷茫的时候，但后来都被公认为民族独

马列主义中国化，共产党人信仰真

中共走向全世界，公认《修养》为心经

1939 年 6 月 1 日，刘少奇出席在延安举行的抗日军政大学成立 3 周年纪念大会，并发表讲话。图为大会主席台。右起：刘少奇、王明、陈云、王稼祥、张闻天、毛泽东。

---

❶ 最初将《论共产党员的修养》称为"圣经"的，是美国作家埃德加·斯诺。

立、人民解放的伟大革命家。父亲的《修养》，是把一名革命者最崇高远大的理想信念，与最现实日常的行为操守，统一起来；把"天将降大任于斯人"，与要经历的"所以动心忍性"，阐述清楚；把战士必须从容应对的历练考验，必须具备的品格修养，摆出亮明，"曾（增）益其所不能"；把为官、做事，还原成为民、做人！而父亲奋斗毕生，亲身诠释出典型榜样，正如朱爹爹❶赞扬的"修养称楷模，党员作范仪"。因此，《修养》才被奉为圭臬，为众铭记，历久弥新！

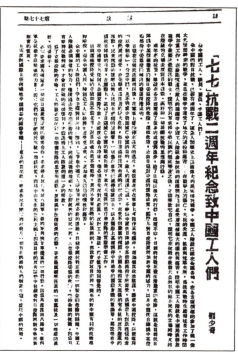

1939 年 7 月，刘少奇在《解放》周刊发表《"七七"抗战二周年纪念致中国工人们》。

在华中这段时间，刘少奇还著有《作一个好党员，建设一个好的党》（1940 年 7 月）、《人的阶级性》（1941 年 6 月）、《论党内斗争》（1941 年 7 月）、《民主精神与官僚主义》（1941 年）、《论党员在组织上和纪律上的修养》（1941 年）、《人为什么犯错误》（1941 年 10 月 3 日）等著作。与《修养》和后来在中共七大上的报告《论党》合撰汇集，被党内誉为"党书"之一。今人品读反思，仍会倍感受教。

---

❶ 中南海圈内孩子习惯称呼，比父亲年长的称伯伯，年少的称叔叔；比母亲年长的称妈妈，年少的称阿姨。对朱德总司令称呼为特例：毛主席教李讷称朱爹爹，随之二代孩子都以此统称，三代以后的孩子统称朱爷爷。另一特例是杨尚昆，二代孩子随其女杨李称杨爸爸。

亲率先导插敌后，振臂高呼保人民

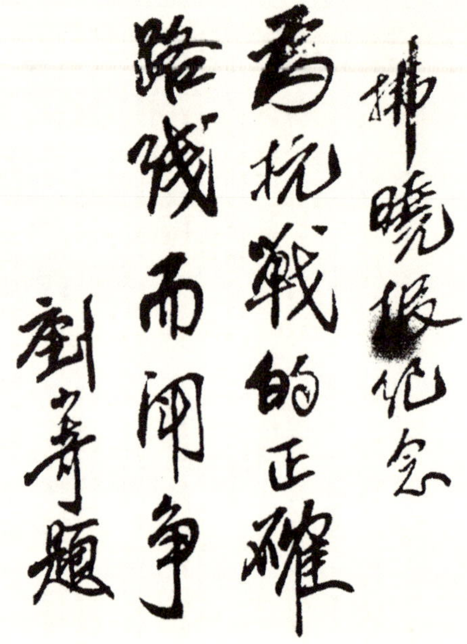

1939 年 9 月 15 日，刘少奇同徐海东等 40 多名军政干部，离开延安赴华中。图为他为新四军第四师办的《拂晓报》的题词。

心力所至，神来之笔！土生于乱世山野、情真意切，勃发后盛世传今、自在出新！

被誉为理论家的刘少奇，可一直是文武兼备的著名实干家。

由于国民党的节节惨败，共产党的飞速扩展，父亲预料到国民党反共高潮将临。再三催促中原局机关及所属单位分批转移，并做出具体安排，再次（在北方局时已提出）响亮号召“到敌人后方去”，“最困难的最前线，是共产党应站的岗位”！至今追念呼出，口号蕴涵的胆魄与坚毅，仍令人热血沸腾！

1939 年 10 月下旬，刘少奇率领中原局挺进敌占区，离河南，赴皖东。仅十多天后发生“确山惨案”，国民党军突

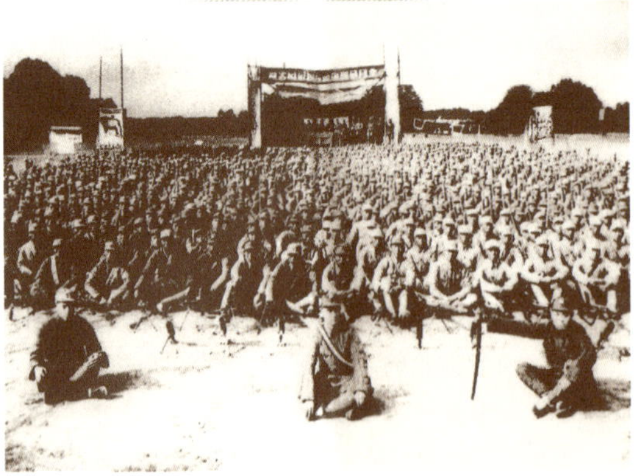

1939 年 11 月 7 日，新四军游击支队在新兴集举行阅兵式，隆重欢迎刘少奇。

袭竹沟，杀害我二百多同志。回头千百里，"掩面救不得"；故人长决绝，"血泪相和流"——何其悲愤！

刘少奇到皖东定远、滁县，举旗高呼："东进、东进、再东进！广泛猛烈的向东发展，到敌人后方去，不到海边决不应停止。"而最主要的，就是建立抗日武装，建起军队、游击队、民兵以自卫，"东进！把日寇赶进大海！"成为划时代的口号！同时同步，建立抗日根据地。

几个月中，父亲连续主持了三次中原局会议，深透分析敌友我情况，明确战略方向，批判片面的"两个一切"口号，提出坚持抗日民主统一战线中独立自主原则，放手发动群众、发展人民武装、建立根据地、敢于"反摩擦"等重大方针，三次会议跨出三大步，解放干部思想，推动工作

确山故人长决绝，
战友血泪相和流

1940 年 4 月，刘少奇同张云逸、赖传珠等率中原局、新四军江北指挥部机关到达盱眙县半塔集（后属来安县）与新四军第五支队司令部会合。图为刘少奇住过的半塔小楼。

再创兵家老营地，委派县长换新天

转变。❶

中原局向各级指示："八路军、新四军及党的组织，必须独立去发展自己的力量，自立自主的去组织游击队、自卫军和民众，不必等待任何人的允许，不必与任何人商定所谓共同纲领，应完全依照我党历来的主张，独立的去进行"❷。

之前，北方局在河南周边的豫西（河南省委朱理治、陈少敏❸）、豫南（王国华）、豫皖苏（彭雪枫、刘瑞龙），中原局在鄂豫皖（李先念、陈少敏）大张旗鼓建起根据地。而受王明片面的"两个一切"影响，项英一直反对所谓的"招兵买马"，不许建根据地，怕产生摩擦，刺激国民党，导致新四军在苏皖的活动地域局促，发展很难。

徐海东大将后来回忆：他同父亲到中原局后，按指示组建发展新四军四支队，与罗炳辉的五支队同时，很快由几百扩充到两三千官兵。项英却严厉批评，命令实行"精兵主义"，都砍到不足千人，令徐、罗两位司令痛心顿足，使大家的抗日情绪很受打击。刘少奇率中原局到皖东后，放手发动群众，四、五支队很快都发展到 5000 人，前后一年多，各自近万指战员，兵强马壮。

魏文伯叔叔对我回忆：国民党叫我们去杀敌，却不补给

---

❶ 中共中央文献研究室编：《刘少奇传（1898—1969）》（上），中央文献出版社 2008 年版，第 330—338 页。

❷ 中共中原局：《关于建立苏北、皖东北根据地的指示》（1940 年 2 月 7 日）。

❸ 1938 年 7 月 9 日，陈少敏参加新组建的中共河南省委（隶属北方局），任组织部长；1939 年 6 月 11 日，陈少敏在鄂中区委扩大会议上传达中原局关于鄂中抗日武装整编扩大的指示，成立新的鄂中区党委，陈任书记。

枪支、粮弹、资金。我们赶走日伪，打下地盘。没有政权，求着国民党派县长，好给部队征兵、征粮。国民党不仅不派，反倒百般刁难。刘少奇反复说：这就叫"一切经过统一战线、一切服从抗日"？咱们怎么能办这傻事！又讲起"要人要粮要枪，首先要有家"的道理，"游击战争是要有根据地的，没有根据地就不能长期坚持"。当即，委派魏文伯去当了第一个共产党县长，父亲叮嘱道：一定要建立独立自主的政权，我们打下的地盘，国民党派县长咱们还不承认呢！就这样，在苏皖敌后地区建立了第一个由共产党委派掌控的县（定远）政权。

之后，刘少奇通电："派遣最好的干部去做县长、区长"，又陆续任命了几百名，确立起小片根据地，再连成几大块。❶

游击战争，前提是人民被"逼上梁山"；核心是捍卫人民权利、保护群众切身利益；本质是人民的战争。就战争的本体定义、属性和规律，与各种战争无异，区别就在于人民性。没有民心民力，想打也打不久，打不赢，打不了。游击战争——人民战争中，军队和武装力量当然不可或缺，但决定性的，无疑是领导指挥者——党和政权，能否植根人民为人民，能否得到人民全力支持，能否取得人民的信任托付！正如父亲所说："只要有数百万群众积极性的发动，并善于去组织与运用这种积极性的时候，我们的党与

---

❶ 中共中央文献研究室第二编研部编著：《刘少奇军事画传》，贵州人民出版社 2009 年版，第 138—142 页。

数百万群众建立了密切联系的时候，我们就能成为不可战胜的力量，一切困难均可克服"[1]。战争的最终胜败，取决于民力民心！

根据地是政权：我党武装人民，就是要夺取政权、执掌政权。

那时，共产党的地方干部，无工资，吃军粮、穿军衣、同军籍，而军人地方征召，伤残军烈属地方优抚，军粮军费军衣军鞋地方筹集。无家哪来的兵？无国哪来国防？无民事哪有军事？谁说地方党政与军队无关？那是营盘那是根哪！

根据地是政权：我党夺权执政为何？就是为人民服务。

那时，共产党人舍身拼命，不就是为了报国保种救百姓嘛！中原局建起根据地，没忘这个根本宗旨。打奸除霸反封建，解救民众保民权，尊重劳动倡民主，救济难民利民生，组织群众生产生活、查田均赋减租减息，[2] 拥军爱民轰轰烈烈，村镇一派欣欣向荣！阴晦华夏，晴空一方！

父亲说："只有民众积极起来保护其本身利益的时候，民众才会或才可能以同样的积极性来保卫国家民族。未有对本身利益尚不知或不敢起来保护的民众，而能起来积极保护国家民族的利益。所以我们今天发动民众积极的适当的保护其本身利益，也就是直接的发动民众起来积极的保卫国家民

---

[1] 中共中央华中局 1941 年 5 月 30 日通过的决定。

[2] 抗日民主政权一律建立工、农、学、商、青、妇等团体，实行八小时工作制、婚姻自由、信仰自由，禁止贩卖大烟和人口、禁止缠足，民选法官，保护少数民族，推行民族独立自治等。

族的利益，而走上抗日的战场"❹。著名老历史学家吕振羽当年留诗为证："心怀人民转乾坤……春风荡漾大江天"。

举一桩湮没无闻、不见经传的举动，在几十年后多次应时创造了中国历史：

新四军政治部主任邓子恢，首推"包产到户"。在皖东、淮南、淮北，军地开荒平坡、群众拥护，分给无地农民、取信于民，种公田缴军粮、足兵足食，余粮自家全留、成效显著。农民生产生活比敌占区和"国统区"都温饱红火。刘少奇击节赞赏，加以推广。❷

人民活得要更好，
根据地超"国统区"

追根溯源，"包产到户"打根儿上就是"红色基因"。邓子恢，这位曾留学日本军校却"土得掉渣"、作为闽西红军创始人的"老军头"，20 世纪 60 年代国家处于"非常时期"，最坚定强烈地呼吁"包产到户"。父亲又再次鼎力支持。后来，邓老被称为"中共头号农村工作专家"，或许就此可找到渊源？

"包产到户"，对今日之中国意味着什么？中国人民可还记得首创的那些人们和功绩！是否想知道他们的遭际命运？

登高望烽火炊烟、千古江山，荒草埋将士村妇、英雄无觅。刘少奇和邓子恢都曾经说过：那是人民群众的创造！

---

❶　刘少奇：《盐城农救工作的经验》（1941 年 4 月 5 日）。

❷　许多老革命的回忆中提到"包产到户"的起源，在老文电中也搜索到证据。最初追根到抗日战争时期的，应是《少奇同志》电视剧作者、军中名作家海波同志。也有追到闽西老区的"土地战争"。见本书 59 页注❶。

开辟苏北　挥师东进

红色区域的迅速扩展，人民群众的拥护赞誉，必然会引起敌对方的打压摩擦。

日军大、中、小"扫荡"不断。我军民同仇敌忾，"打得赢就打，打不赢就走"：麻雀战、抄后路、劫粮草，村村起火、城城冒烟，袭扰纠缠、昼夜轮番，坚韧顽强、零敲碎打，"捉鬼子敌探"、处处设陷阱，炸炮楼摸哨、天天有进账。

战术上，合《孙子》兵法，贵胜不贵久、积小胜为大胜，诡道、用间、诈术、野攻，样样俱全；战略上，从《老子》兵法❶，贵久不贵胜、不败即打赢，以柔克刚、以弱胜强，幕幕连台——上演了长年累月、精彩绝伦的"拿手好戏"——游击战争。

日伪军被打得风声鹤唳、胆破心寒，应战不暇、筋疲力尽，实施愈加残暴的烧杀报复，激起愈加汹涌的血仇反抗——"跟着新四军，杀尽小鬼子！"响彻天下。眼见共产

---

❶ 不少古兵家新专家认同《老子》亦为兵书。见李零：《人往低处走：〈老子〉天下第一》自序，生活・读书・新知三联书店 2008 年版。——据说毛主席也有此意思。

党的地盘日渐扩大，日伪占领区盛传，"共军来了个'胡子头儿'"。父亲闻言，手拂下颌诙谐笑道："我没留胡子呀?"众皆开怀，传为趣谈。

在中原的国军嫡系、皖系、桂系、奉系、苏系各派系军队，抗日差劲，抢夺人民胜利果实却十分带劲。中原局领导坚持"正确的统一战线"，文武并用"反摩擦"，打拉捉放"为统战"。还调集多路八路军、新四军和地方武装，中心开花反包围、出神入化，打了三大场"连环运动战"，政治军事双赢，歼灭摧垮顽军。三年后，还活捉了国民党江苏省主席、中将韩德勤。❶

1939 年国民党发动的反共高潮，在华北以山西决死队转隶八路军为标志失败。1940 年春，反共摩擦的重点转到华中，由于指挥体系复杂、通信不畅，徐海东、张云逸旧伤沉疴卧床，刘少奇在紧急关头，亲自披挂指挥半塔集之战。❷

3 月，桂系李品仙猖狂攻击我部，并残杀我百余人。我军民被迫反击，立即围歼严惩刽子手，随即在所属各县区"肃清反共势力，争取中间势力"。

无巧不成书，刘少奇命罗炳辉部，就近分兵前出。罗是前红九军团军团长，曾与父亲一同血战松毛岭。此间，除留守 2000 人外，倾全力与徐海东部共同歼灭桂系顽军 2500 人，

---

❶ 1943 年 3 月，韩德勤在皖东北被彭雪枫、邓子恢俘获。20 世纪 60 年代有电影《东进序曲》，据此故事改编。而真实历史情节，比文艺作品更精彩、更戏剧化。

❷ 中共中央文献研究室第二编研部编著:《刘少奇军事画传》，贵州人民出版社 2009 年版，第 142—143 页。

湔雪远仇近恨。3月21日，正当我军肃清残敌、清理战场时，江苏省主席韩德勤万余顽军，乘虚强攻罗炳辉驻地半塔集。面对绝对优势之敌，罗部再次血战坚守七昼夜！与松毛岭一样的英勇激烈，但半塔集战况却不同：进攻之敌身后，被我游击队和民兵袭扰，腹背受击，陷首尾不能相顾之境；而战果更不同：罗部主力火速回援之时，刘少奇就近向陈毅"借兵"，叶飞雷厉风行、率挺进纵队先到，多路强击、里应外合。韩德勤顽军损失过半，仓皇溃逃。半塔集之战胜利，完全肃清定远、凤阳、滁县的反共武装。❶

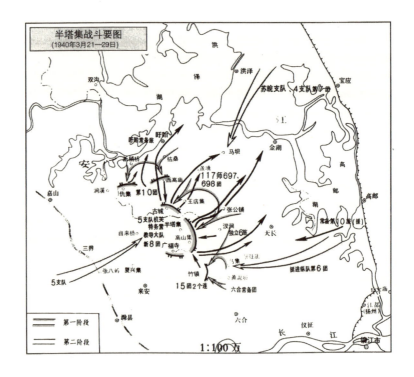

半塔集战斗要图
(1940年3月21—29日)

1:100万

第一阶段
第二阶段

---

❶ 中共中央文献研究室第二编研部编著：《刘少奇军事画传》，贵州人民出版社2009年版，第143—147页。

叶飞回忆，几天后刘少奇到半塔集，把叶部"扣"下就地囿守。❶ 叶找刘说，国民党军长官顾祝同强令新四军江北叶飞、陶勇部南调，军部项英令他归营归建。正谈着，来人打断，请父亲处理急事。刘起身指着桌上摆放的一沓电报叮嘱：这些都是至关重要的绝密电报，外泄可不得了，你守着，千万别离开，等回来接着谈。叶为召回之事正焦心，又不敢离开，踱来踱去，瞄了几眼电报，都是中央发给项英和刘少奇的，指示新四军军部要向北靠拢，尽快过江。叶飞立省，是中央有意。刚一回谈，叶就表示愿意留下，刘也不啰唆，立即部署下一步吸引顽军的重要任务。❷

不久，陈毅追来。叶飞报父亲：我得赶紧去接一下，不然非被枪毙了不可。陈毅见面就骂，叶笑呵呵地说：到胡服那儿你就知道了，我看了几眼中央发的密电，中央的意思是让咱们离开江南。❸ 陈毅一愣，恍然大悟。

一见面，刘少奇对陈毅说：你是中央直管领导的，这些中央的绝密电报，请你看一下。陈毅看罢，明白了中央的意图，无话可说。刘又反复强调：已急电中央和项英，"江北部队南调，这是准备消灭我军之毒辣计划，我坚决不同意"❹。

"扣住"叶飞打硬仗，巧设小局重压肩

---

❶ 姚勇：《发展苏北战略方针的提出及其实现——刘少奇在发展华中斗争中的历史贡献》，《近代史研究》1989年第4期。

❷ 中共中央文献研究室第二编研部编著：《刘少奇军事画传》，贵州人民出版社2009年版，第151—152页。

❸ 中共中央文献研究室编：《刘少奇年谱（1898—1969）》上卷，中央文献出版社1996年版，第278—279页。

❹ 中共中央文献研究室编：《刘少奇年谱（1898—1969）》上卷，中央文献出版社1996年版，第281页。

讨兵不成，反而自己也被"扣"下，一起打了郭村和黄桥。多年后，陈毅说："在华中先有半塔，后有郭村。有了半塔才有黄桥"❶。

1940 年 5 月，刘少奇到中原局一年半（到皖东半年多），指挥各级党组织全力发动群众，积极抗击敌顽，拉起数万军队、几十万地方武装，打出大片天地，开始向苏北进发。刘少奇指示苏北党组织："部队党与地方党要一致为猛烈扩大苏北新四军而斗争。在三个月内（在今年九月一日以前）要

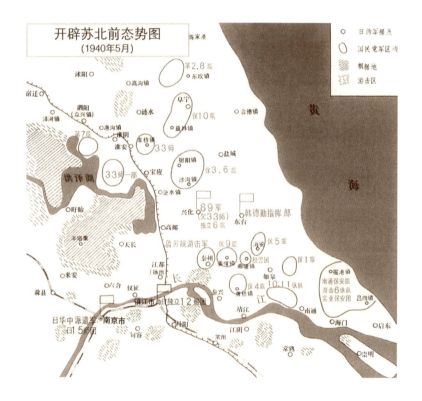

❶ 中共中央文献研究室第二编研部编著：《刘少奇军事画传》，贵州人民出版社 2009 年版，第 146 页。

扩大（苏北）新四军至一万人枪，并加以巩固"❶。

熟知地图的人细想则明，盐城往东，河网港汊密集，交通不便，适合游击作战；我党顺势夺得苏北，北接冀鲁豫八路军，南连江南新四军，就占据成片，是"发展华中"的关键——打开苏北，成为我党重要的战略任务。父亲提出"向西防御，向东发展，东进北上，开辟苏北"的军事战略方针。

当时，华中地区的建党建军和任命干部，由刘少奇操持起家、主持负责。因为是抗日武装割据，各地都有主力部队、地方部队、武工队、游击队、自卫队和民兵，互不统属、密切配合，一个目标：共同打赢游击战争。八路军、新四军主力远离直接上级，互相间各无指挥关系。要打一定规模的运动战，刘少奇必向八路军总部和新四军军部"借兵"，甚至请延安军委下令。

为打下苏北，父亲已领导或"扣住"陈毅、粟裕、张云逸、徐海东、罗炳辉、戴季英、张爱萍、叶飞、韦国清、陶勇等部队；中央军委先调八路军彭明治、朱涤新苏鲁豫支队，稍后又调一一五师黄克诚（原红三军团师团政委）率三四四旅、新二旅大部队南下东进作战（后与彭朱支队合并组成八路军第五纵队）；一二九师也调来部队加强。还没算上邓子恢、李先念、彭雪枫、陈少敏、郑位三、刘瑞龙、张震等军地双跨的领导及部队。刘少奇麾下，将帅豪杰云集、个顶个是民族英雄，部队如风如林、眼见皆为虎豹之师。而兵机莫测、军情如火。

刘少奇指挥若定，却心焦如焚，多次电请中央派专精军

黄克诚

❶ 《刘少奇选集》上卷，人民出版社1981年版，第168页。

事的同志来当总指挥。毛主席多次回示"统由胡服（刘少奇）负责""统由你（刘少奇）指挥""受胡服指挥""受刘少奇等指挥""由胡服之命令实行之……均应服从胡服之指挥"。父亲谦辞，索性点名推荐陈毅、徐向前、刘伯承挂帅。毛泽东反复斟酌认为"少奇指挥得不坏"，于1940年6月27日中央通电各方，长江以北华中地区的八路军、新四军"统归胡服指挥"。❶

毛泽东坚决任命，
刘少奇受命统兵

---

❶ 中共中央文献研究室编：《刘少奇年谱（1898—1969）》上卷，中央文献出版社1996年版，第283、284、285、286、289、291、292页。

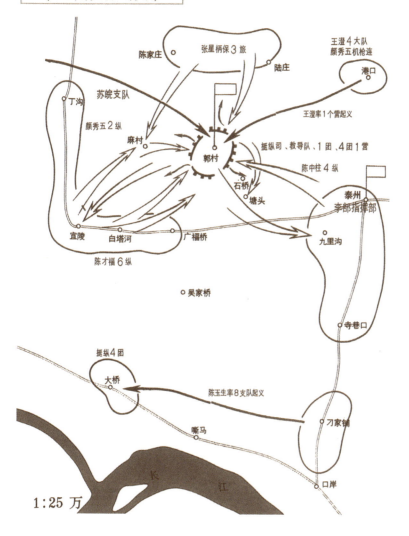

郭村保卫战要图
(1940年6月28日—7月4日)

陈家庄
张星桥保3旅
陆庄
王澄4大队
颜秀五机枪连
港口
苏皖支队
丁沟
颜秀五2纵
麻村
郭村
王澄率1个营起义
挺纵司、教导队、1团、4团1营
陈中柱4纵
石桥
塘头
泰州
李部指挥部
宜陵
白塔河
广福桥
九里沟
陈才福6纵
吴家桥
寺巷口
挺纵4团
大桥
陈玉生率8支队起义
嘶马
刁家铺
口岸
长　江
1：25 万

郭村保卫战正如刘少奇筹谋，由中央军委下令，叶飞率军挺进苏北，诱导顽军包围。八路军南下、新四军东进，驰援反包围。经顽强、机智、英勇拼杀，于 1940 年 7 月 2 日

谁说此公不善兵？
不用则已战惊人

取得完胜。❶

　　前面提到，1938年"游击战争的姊妹篇"里，父亲就预见，在游击战争中，应当而且必须将大量分散的游击队组织和训练成正规军。当我们的实力发展到足够强大，战争需要我们决战取得最后胜利的时候，游击战必须要适时向正规战发展、消灭敌人。此时，新四军面临截然不同的敌人对手，处于更为复杂的战场环境。刘少奇总结，战法的实用，取决于对手和我们的作战目的。抗击日寇、一刻不停地打，

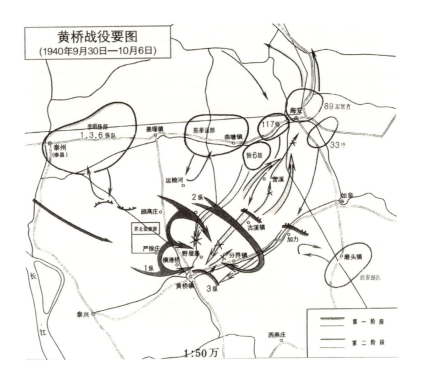

---

❶ 中共中央文献研究室第二编研部编著：《刘少奇军事画传》，贵州人民出版社2009年版，第156—161页。

避免碰硬、依然遍地开花；教训顽军、打正规运动战，击溃歼灭、有理有利有节。

黄桥决战少胜多，
打出苏北天地宽

黄桥战役规模更大，由刘少奇、陈毅、粟裕指挥。7 月 30 日，毛泽东、朱德电："关于苏北战略，我们同意胡服意见"❶；经布局谋划、调兵遣将，9 月 1 日刘少奇电告陈毅、粟裕、张云逸、彭雪枫，准备敌人进攻；9 月 2 日，又电令黄克诚部、罗炳辉部，攻占盐城。父亲"未战而庙算胜"，9 月 3 日，韩德勤果然趁日伪军加大"扫荡"之机，起兵三万对我两路攻击。陈、粟七千多官兵一让再让，血战黄桥。10 月初，八路军黄克诚率一万多部队进攻，与新四军夹击，一举歼灭韩顽军万余，取得大胜。

郭村、黄桥，这两场谋定而胜之战，文史记载和回忆甚多，我就不展开了。只点破鲜为人知的"秘笈"：从半塔集首战打响，这三场以少胜多、军政双赢的"连环运动战"之所以出神入化，一些重要成因却寡言提及：地方武装日夜袭扰，策反顽军内讧倒戈，迷乱敌军瓦解攻守，群众妇孺传递军情，等等，高超的游击作战和精彩的"白区"斗争❷，令人难以置信地与运动战结合转换、浑然天成，相映焕发出真正的人民战争绚烂异彩！

华北华中连成片，
八路军联新四军

1940 年 10 月 8 日，刘少奇发电："我党在华中工作已取得决定的胜利……"10 日，八路军新四军胜利会师，雄师

---

❶ 中共中央文献研究室编：《刘少奇年谱（1898—1969）》上卷，中央文献出版社 1996 年版，第 298、307—308 页。

❷ 指敌占区、"国统区"的地下秘密工作和隐蔽斗争。全面抗战后多年，中共内仍习惯称其为"白区"斗争。

十月革军军旗日共八路军
南下部除官师冬志日
中有十年（未二见看

十年军数花人回
又见同侪英马归、
江淮河汉今谁属
红旗十月满天飞。

黄桥战役后，陈毅指挥新四军一部乘胜挺进海安、东台等地，与黄克诚率领的八路军南下部队在东台县白驹镇胜利会师。陈毅于 11 月 7 日写诗祝贺会师：十年征战几人回，又见同侪并马归。江淮河汉今谁属？红旗十月满天飞。

江淮河汉今谁属？
红旗十月满天飞

凯旋。东进东扩连海，华北华中连片，一年时限、半年成就。党中央，也是刘少奇"发展华中""开辟苏北"的战略任务，胜利实现！

刘少奇先会合黄克诚，11 月 4 日联袂到盐城见陈毅。陈老总兴奋地写下豪迈诗句："十年征战几人回，又见同侪并马归。江淮河汉今谁属？红旗十月满天飞。"❶

---

❶ 中共中央文献研究室第二编研部编著：《刘少奇军事画传》，贵州人民出版社 2009 年版，第 163—170 页。

左右生死　力挽狂澜

　　1940 年 11 月 10 日，刘少奇再次电报中央：为统一华中军事指挥，提议由中央任命陈毅为八路军新四军华中部队总指挥。中央复电：叶挺未过江前，陈毅代理总指挥，以胡服为政委。11 月 17 日，华中八路军新四军总指挥部成立。

　　胜利带来喜悦振奋，一鼓作气、乘胜追击为常例。11 月 29 日，我苏北万余部队分三路攻击曹甸，历 18 天未下，"消耗甚大"。虽然歼韩德勤部八千余人，我亦伤亡约两千人。12 月 15 日，刘少奇冷静判断："急切不能彻底解决"，19 日下令撤出。从战伤比率看，曹甸攻击胜而不败，"杀敌三千、自损八百"，自古就是大胜仗；以战止战为义，攻城未下，却使韩德勤蛰伏一隅，无力较量。我苏北所占地域得以稳固，战略上是为打赢。❶

　　无论如何，此战不可少。但近似百团大战，如此大的牺

---

❶　中共中央文献研究室第二编研部编著：《刘少奇军事画传》，贵州人民出版社 2009 年版，第 171—176 页。

牲损耗，当时的我军难以承受，可否待机从容亮剑？对此，父亲极其痛心，多次自责。无论是批评还是自我批评，他从来都是极其严格的。每打胜仗而不骄，刘从未自诩，总要推功于众；每有败绩而不馁，他绝无推诿，率先汲取教训。刘少奇是华中军民的总负责，敢作为就敢担当！

12月31日，中共中央书记处正式决定，华中军事指挥，统一于副总指挥陈毅、政治委员刘少奇指挥之下。同时又决定："山东分局归中原局管辖，中原局统一领导山东与华中"。父亲的担子更重了。❶

正当父亲准备全力强党建政抓民生时，又迎狂飙劈面。

1941年1月6日，发生惊世的"皖南事变"！载入史册的资料陈述详尽，我不讲了。仅就史实谈些联想。

先倒叙几句很少提及的背景：

红军长征后，项英与陈毅、邓子恢、粟裕等留在老苏区，确实历尽艰辛鏖战，却是不了解延安的党中央。组建新四军时，谁知西风吹血腥？项英又自然听信并执行了王明的"路线"。

项英到延安参加中共六届六中全会的前半段，恰逢武汉失陷，叶挺气愤之极挂冠而去，项英速返新四军，所以主要听了王明灌输的那一套。全会结束，长江局被撤销，项英改任东南局（原长江局管辖的东南分局改成）书记，辖区少了大半。对后来传达的六届六中全会精神，尤其是对会议后半

---

❶ 中共中央文献研究室编：《刘少奇年谱（1898—1969）》上卷，中央文献出版社1996年版，第321页。

段批判王明，作出"决定中国之命运"的多项决定，他是整个跟不上趟。❶ 历史上，将军百战身名裂，毁于一念一战，并不鲜见。

正当中原党政军民大发展中，父亲多次向中央建议，并直接给项英发电报、写信，应将新四军军部迁至华中，可到陈毅、粟裕等老新四军处。刘少奇反复劝说，新四军在皖南发展不了（受国民党军编制所限，没有根据地，担心刺激蒋介石），总共力撑至万把人规模，而在江北则发展到七八万人马，占据几千万人口的根据地，有的是地盘空间，有的是民众支持，就是急缺老部队。况且，军部长久滞留江南，极其危险。

毛泽东、张闻天多次致电新四军军部转出"国统区"。由于上述背景，延安中央对项英的指示中多有商量语气，而父亲当时是政治局成员，苦口婆心地建议、劝说政治局常委项英。1940 年 4 月刘少奇"扣住"陈毅、叶飞前后，就以万分火急电："顽方必然要摧灭我江南军部"……至皖南事变前一个多月中，刘频发急电："从速北移……如果迟缓，恐有被顽固派阻断封锁可能"，"皖南新四军军部北渡道路很可能被切断"，"愈迟情况将变得愈困难，以从速行动为妙"。❷

---

❶ 参见李一氓：《模糊的荧屏》，人民出版社 1992 年版。其中讲，1939 年夏叶挺再次辞职，到江北实地考察，身受中原局做法启发。1939 年 11 月 7 日到重庆，提出向苏北发展的"五项具体建议"，与刘少奇的"东进北上苏北"，"可谓英雄所见略同"。但项英没有采纳正确的意见。

❷ 中共中央文献研究室编：《刘少奇年谱（1898—1969）》上卷，中央文献出版社 1996 年版，第 308、309、312 页。

1941年1月6日，叶挺、项英率新四军军部及驻皖南部队至茂林以东的云岭地区，遭国民党拦击，被迫奋起自卫。图为云岭。

然而，项英踟蹰不省。❶"用兵之害，犹豫最大"❷。

以晚辈度长君：

项英作为中国工人阶级的优秀代表，革命的坚定性毋庸置疑。很可能他身为东南局书记，所以不愿让新四军军部离开地界？很可能他是真的相信了王明，所以才造成"一向不听延安的"（毛泽东与刘少奇往来的电报中语）？很可能他是真的相信了国民党抗日，所以才自感无颜见江东父老，造成临阵出走，遭杀身之祸？❸

---

❶ 中共中央文献研究室第二编研部编著：《刘少奇军事画传》，贵州人民出版社2009年版，第177—180页。——"皖南事变"后的1941年1月7日，激烈作战中还开了七小时军事会议，项英仍未决策。

❷ 《六韬·龙韬·军势》。

❸ 李一泯的《模糊的荧屏》中有几万字叙述皖南事变前后情况，对项英的错误描述详尽。

"此情可待成追忆，只是当时已惘然"。项英纵然有大错，❶ 但先人已矣，逝者为大，我辈应予宽宥，起码应予尊重。

1941 年 1 月 6 日拂晓，"皖南事变"爆发。1 月 14 日，最后消息"弹尽粮绝"，新四军军部所率部队九千余人，分散突围所剩两千余人。这么可贵、这么好的老部队呀！遭受巨损心疼死，使我三军泪如雨，全党捶胸顿足，一片喊杀复

中共中央 1941 年 1 月 20 日为抗议国民党顽固派制造"皖南事变"发出的通电。

---

❶ "很少向中央作报告，完全自成风气。对于中央的不尊重，三年中已发展至极不正常的程度"，"此次失败，乃项、袁一贯机会主义领导的结果，非寻常偶然的战斗失败可比"。见《中共中央关于项英错误的决定》（1941年 1 月），载中央档案馆编：《中共中央文件选集》第 13 册，中共中央党校出版社 1987 年版。

仇！那时，共军可是千锤百炼、血气方刚、动如脱兔的勇猛之师啊！

父亲最先得知，盯在电报机旁七天七夜没合眼，旧仇江流不尽，新恨云岭千叠。他激愤难捺，赞成并亲自部署反攻。

党中央发出全面反攻国民党电报后，刘少奇经过反复思考，给中央发电建议："在全国主要的实行政治上全面大反攻，但在军事上除个别地区外，以暂时不实行反攻为妥"。他认为，我军还不具备硬拼实力，死战正中老蒋下怀；我党还很可能从王明、项英右的"两个一切"，即"一切经过统一战线、一切服从抗日"，倒退回极左的"两个一切"，即"一切不合作、一切斗争到底"。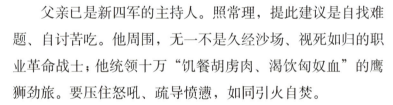翻脸打内战，人民怎么想？失去了不易得到的人心，便失去了基础。可以肯定，得益的是日本人。毛泽东即刻接受了刘少奇的建议。❷

父亲已是新四军的主持人。照常理，提此建议是自找难题、自讨苦吃。他周围，无一不是久经沙场、视死如归的职业革命战士；他统领十万"饥餐胡虏肉、渴饮匈奴血"的鹰狮劲旅。要压住怒吼、疏导愤懑，如同引火自焚。

但千古兵法定理："主不可以怒而兴师，将不可以愠而致战"❸。决不意气用事，而应冷静以对，斟酌损益，谋大局以利战、智战攻心为上，化被动为主动。

将不以愠而致战，
主不以怒而兴师

---

❶ 六届四中全会后，向忠发、王明、项英等领导下提出的关门主义、冒险主义极左口号。

❷ 中共中央文献研究室编：《刘少奇传（1898—1969）》（上），中央文献出版社 2008 年版，第 376—379 页。

❸ 《孙子兵法》。

忍辱负重、说易行难，父亲虽以身示范，但要说服自家亲人，才更难上加难！刘少奇与陈毅、粟裕等人谈话，设身处地，可怎么谈呀？义愤正确！理智更对！刘通宵达旦，烟雾缭绕，促膝倾诉，亲自谈了上百位好同志。先国难、后私仇，大道理说服小道理，大原则管着小原则。千钧一发之际，方显书记政委之重！

时势造英雄，现在党史军史上公认，最关键的历史关头，刘少奇保持头脑冷静、力阻全面军事反攻，为历史作出重大贡献。

可以回想一下：如果不是父亲顺势把陈毅"扣"住，把粟裕、张云逸、邓子恢、叶飞、韦国清、陶勇、王必成、刘培善等部队都留在了江北，情形会怎样？这不是假设历史，而是透视历史的必然性和偶然性。

张云逸

"皖南事变"后，刘少奇立即重建新四军。1941 年 1 月 17 日，国民党通令撤销新四军的当天，父亲就向党中央郑重建议。三天后的 1 月 20 日，中央军委下令重建新四军军部。

1 月 25 日，"皖南事变"结束十天后，蒋介石通令撤销新四军八天后，新军部成立大会隆重举行。中央军委正式任命陈毅为代军长、刘少奇为政委。在重建大会上，陈毅宣布：胡服政委的真实姓名就是刘少奇，"刘少奇同志，是我们中国共产党的领导之一。他有二十多年的斗争历史，中国的工人运动就是他一手领导起来的⋯⋯抗战后，他到华北，华北抗日运动就有了大的发展；到皖东，同样展开了大的局面；到苏北，也一样是如此。他是代表中共中央到这里来直接指导我们的。新四军直接在中央和刘少奇同志领导下，我

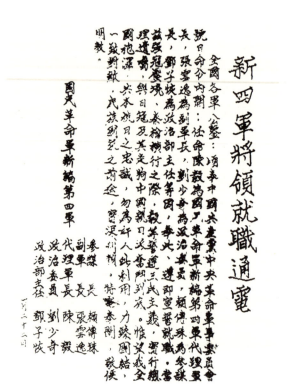

新四军将领就职通电。

们的政治方向不会错，能依照中共的政策做下去，就好像火车在铁轨上走，一定能够顺利的达到目的"。

此时，父亲才公开了真实姓名身份。他讲："新四军是真正抗战的力量，是人民的军队，是植根于人民之中的……我们是越打越强！"再次向世人郑重宣告："我们是铁的新四军"！❶

经多次向中央提出整编方案，2月18日，中央军委决定，将原在江北指挥部的陈毅、粟裕部整编为第一师；后组建的

---

❶ 中共中央文献研究室编：《刘少奇年谱（1898—1969）》上卷，中央文献出版社 1996 年版，第 328—329 页。

张云逸、徐海东、罗炳辉部为第二师；原八路军——五师黄克诚部和彭明治、朱涤新部划为第三师；毛泽东又令原非新四军军部指挥的彭雪枫、张爱萍部为第四师；中原局的鄂豫皖李先念、陈少敏部为第五师；仍在江南的谭震林部和张鼎丞部为第六师、第七师。其中，二、三、四、五师都很大，不属原新四军军部建管。新整编的新四军9万人（其中老新四军1.8万），壮大了多倍。❶

父亲英气十足："原来我们只有几个支队，现在他（老蒋）一打，就打出我们几个师来了"！

在硝烟弥漫的生死搏击中，在群英荟萃的胜利欢呼中，父亲的家庭生活却又添不幸。无奈打断兴头儿，插入应讲之

1941年5月，按照中共中央决定，中共东南局合并于中原局，成立新的中共中央华中局，由刘少奇任书记。图为刘少奇主持召开华中局高级干部会议，并作题为《皖南事变的经验教训》的报告。

❶ 中共中央文献研究室第二编研部编著：《刘少奇军事画传》，贵州人民出版社2009年版，第192—195页。

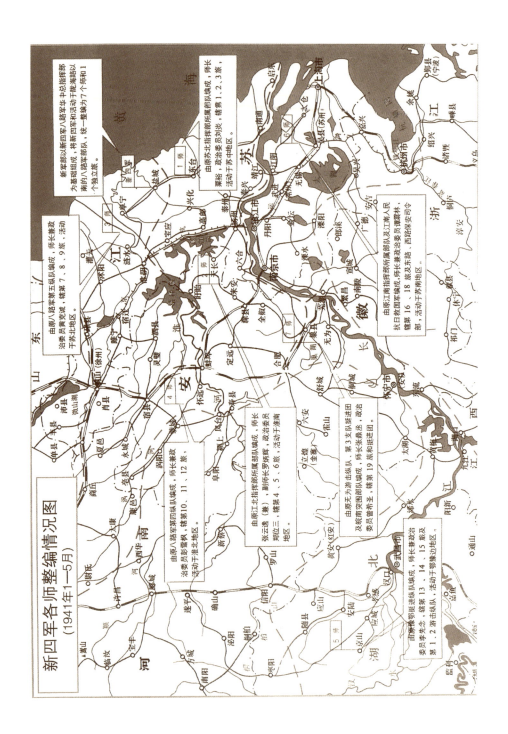

新四军各师整编情况图
（1941年1—5月）

由原苏北指挥部所属部队编成，师长粟裕、政治委员刘炎，辖第1、2、3旅，活动于苏中地区。

新军部以新四军八路军华中总指挥部为基础组成，将新四军八路军华中总指挥部南的八路军部队，统一整编为7个师和1个独立旅。

由原八路军第五纵队编成，师长黄克诚，政治委员吴诚，辖第7、8、9旅，活动于苏北地区。

由原八路军第四纵队编成，师长彭雪枫，政治委员彭雪枫，辖第10、11、12旅，活动于淮北地区。

由原江南指挥部所属部队及江南人民抗日救国军编成，师长粟裕兼，政治委员谭震林，辖第16、18旅及东路，西路苏南司令部，活动于苏南地区。

由原江北指挥部所属部队编成，师长张云逸、副师长罗炳辉，政治委员郑位三，辖第4、5、6旅，活动于淮南地区。

由原无为游击纵队、第3支队挺进团及皖南突围部队编成，师长张鼎丞，政治委员曾希圣，辖第19旅和挺进团。

由原豫鄂挺进纵队编成，师长李先念，政治委员李先念，辖第13、14、15旅及第1、2游击纵队，活动于鄂豫边地区。

事：爹妈心中隐情，子女着实难言，漫忆回避不开，硬着头皮愣说。

谢飞

父亲在延安及初次到中原局时，谢飞妈妈留马列学院深造，1939 年结业后到中原，多次积极要求像陈少敏大姐（谢与陈同年入团，早一年转党）一样去敌后。大革命时期的小工运、小归侨党员，炼成老红军、老白区战士，身处如火如荼的年代，比肩意气风发的英杰，实在不想做温存陪侍的夫人秘书。而万马军中的刘少奇，号召全党挺身敌后抗击野蛮侵略，又有何理由拒绝妻子去打游击开天地呢？他批准她到鄂豫皖任职，又派她赴新四军军部，后在江南敌占区党委。

自此，又出现了一位能"上马下田的谢大脚"。26 岁的她，烽火映靓爱民姐，飒爽英姿不思归。谢妈妈多次劝说父亲，速换人照顾，并正式向中央明确表示离异。即使按今日之法，无子嗣亦为离异正当理由，何况革命崇尚婚姻自主，战争生死不定，姻缘无疾而终，亲人流离永别，实属常见。

过了一年，"皖南事变"，日伪国民党双重封锁长江，"路也难通，信也难通"，谢飞妈妈真飞了，南战北征风风火火，潮涌潮落进京办学，素丽单身，终未再婚。直至"文化大革命"，剃头挨打，监禁劳改，受尽逼供，不屈不阿，仅回一句：刘少奇，生活作风正派，个人品德高尚。

晚年的老妈妈，备受尊重，平和慈祥，仍为老解放区、老新四军宣传奔走。真可谓，革命时有功，挨整时有节，无怨无悔重大义！独身巾帼，默默奉献终生，曜晦无愧，百岁荣光善终！

这里，我们接着叙述历史。1941 年 3 月，中共中央

曾山

书记处通过：因已不能发挥作用，"将东南局合并于中原局，由刘少奇、饶漱石、曾山、陈毅组织"。曾山叔叔提出，地理名称"中原"不包括"东南"，"改为华中局"可好？父亲速将建议转报中央。

4月27日，中共中央将东南局、中原局合并为华中局，辖区包括新四军活动的所有地域。刘少奇为中央华中局书记、中央军委新四军军分会书记兼新四军政委，是华中的最高军政领导。❶

---

❶ 中共中央文献研究室编：《刘少奇年谱（1898—1969）》上卷，中央文献出版社 1996 年版，第 339、344 页。

实践真知　故地新生

　　追寻老辈足迹，详察历代圣典，可否见识确认：善败者，方为善战而至长胜？善修正错误，才能善辨真理而敢坚持！

　　革命斗争中，有顺境必有曲折，错误挫折在所难免，能汲取教训为至善。为什么新四军在"皖南事变"中失败了呢？特别是牺牲了游击战争发源之地的老种子部队，由谁来承担责任？我们可以争论，但不妨对照新四军在华中的蓬勃兴盛和辉煌胜利，可见功过兴衰，必有是非对错，洞若观火。

　　重新整编的新四军，壮大了许多。但仓促组建后的问题繁多，很不统一、更不平衡。"皖南事变后遗症"、各自为政的游击习气、项英的错误思想影响，都不可小视。

　　父亲首先抓住思想政治整顿。此时，"皖南事变"突围脱险的胡立教等人陆续归队，使大家对"皖南事变"的详情及原因，有更清楚的了解和认识。刘少奇一针见血地总结经验教训："没有按中共中央的指示，深入敌后，举起民族抗日的旗帜，求得发展壮大，被统一战线束缚了自己的手脚。结果，在皖南的弹丸之地守株待兔，守了三年，没有守到兔子，却守来了一只老虎，反而把自己吃掉了"。

抗日根据地出版的《论党内斗争》单行本。

粟裕

"没有按中央的指示"，似耳熟多闻。而当年此事的"结果"，是真被"吃掉了"，是真的死与亡！错误与挫折启迪我们，必须迅速肃清党内军内错误思想。父亲旗帜鲜明地提出建设"党军"的任务，强调"绝对服从党的领导，完全执行党的政策命令来完成党的任务"。为消除"皖南事变"后的茫然困惑，凝聚军心、统一思想、发展壮大，奠定了稳固基础。❶

1941年春，日军加大"扫荡"、加紧诱降。韩德勤手下的苏鲁皖游击军副总指挥李长江裹挟三万部属投敌，即被汪伪任命为第一集团军总司令，仍驻泰州，对我作战。2月13日，中央军委将情报通告刘少奇和陈毅。紧急严密部署的同时，18日，陈毅、刘少奇发通令讨伐李长江部。❷ 当夜，粟裕率一师万余指战员奇袭，地方部队四面开花，隐蔽战场集中发威。20日，攻克泰州，李伪军两个支队六千多官兵反正投诚新四军，另五千多守军被我全歼。泰州外之余部，在我讨逆围攻下崩溃四散，李长江仅带身边数十骑遁逃南京，日伪所谓的集团军覆灭实亡。这又是场运动战、游击战加隐蔽战的经典，精彩纷呈，速战速决！

刘少奇强调指出："过去我们用了极大的力量反对韩德勤向我们的进攻和摩擦，其唯一的目的除了自救外，就是为了抗日，为了争取我们每一个中国人的神圣的权利。现

---

❶ 中共中央文献研究室第二编研部编著：《刘少奇军事画传》，贵州人民出版社2009年版，第187—201页。

❷ 中共中央文献研究室编：《刘少奇年谱（1898—1969）》上卷，中央文献出版社1996年版，第335页。

1941 年 5 月 30 日，刘少奇领导的华中局作出《关于组织根据地内人民大多数的决定》，指出今后党在敌后地区的基本任务是巩固现有根据地，要把广泛开展群众运动，团结一切抗日力量共同抗日作为工作的中心环节。为了团结各阶层人民组成广泛的抗日民族统一战线，刘少奇亲自筹划华中各地成立参议会的工作。1941 年 1 月，盐城县参议会成立。6 月 3 日，刘少奇在盐城县第二届参议会上发表题为《我们在敌后干些什么》的演说，详细地阐述了中国共产党抗日民族统一战线的方针和政策。这个报告发表在 1941 年 6 月 17 日的《江淮日报》上，发表时刘少奇为该报书写了文章的题目。

在……我们可以集中力量去抗日了。这是……早已企求与不可松懈的责任……必须集中一切注意去打击日寇汉奸，同时必须发动、组织与武装数十万数百万群众……一道打击敌寇、汉奸"❶。

---

❶ 中共中央文献研究室第二编研部编著：《刘少奇军事画传》，贵州人民出版社 2009 年版，第 203 页。

1941年7月2日，刘少奇在中共中央华中局党校作《论党内斗争》的演讲，全面系统地阐明了正确开展党内斗争的一系列问题。这个演讲受到党中央和毛泽东的重视，列为延安整风学习文件。延安《解放日报》发表该文时，毛泽东特意写了按语，指出"为每个同志所必读"。

综上概括：

无论白区红区，父亲在华北两年多——从无到有、夙兴夜寐勤文武，以柔克刚、枕戈待旦力抗倭，"对此漫嗟荣辱"。

无论敌占区解放区，父亲在华中两年多——以弱胜强、"沙场烽火侵胡月"，反败为胜、"而今迈步从头越"，战地叱咤风云！

刘少奇说："实践的结果是真理的唯一标准，也只有实践的结果才能说服那些不同意见的人"[1]。邓小平说，毛、刘、周、朱这一代领导人是历史形成的。在中国革命实际成败中，检验出孰是孰非；在最重要关头，推举出第一代领导集体。

1941年9月，中央政治局扩大会议在延安召开，史称

---

[1] 刘少奇：《给王光美的信》（1966年3月1日），见中共中央文献研究室编：《刘少奇年谱（1898—1969）》下卷，中央文献出版社1996年版，第633页。

1941 年"九月会议"或"整风会议"，检讨正确与错误的路线问题。

胡乔木回忆："陈云同志 9 月 11 日的发言中说，过去十年白区工作中的主观主义，在刘少奇、刘晓❶（华中主管城市工作）同志到白区工作才开始改变。刘少奇同志批评过去的白区工作路线是错误的，现在检查起来，刘少奇同志是代表了过去十年来的白区工作的正确路线。据此，陈云同志提出，有些干部位置摆得不适当，要正位，如刘少奇同志将来的地位要提高。第二天，弼时同志说：……我党的毛主席、刘少奇同志能根据实际情形来工作，所以犯主观主义少些。康生……的发言中检讨了在白区工作的政策上与少奇同志的分歧，承认今天看起来是少奇的对……主观主义的错误路线把白区工作弄光了。如果那时中央是刘少奇负责，情况将是另一样。九月会议上陈云等同志对少奇同志在白区工作的评价，后来也成为历史决议的一个重要观点。"❷

当时，王稼祥在发言中说："过去中国党毛主席代表了唯物辩证法，在白区刘少奇同志是代表了唯物辩证法"❸。

这次会议，中央领导层形成共识：现在检查起来，过去十年（1927—1937 年）来正确路线在白区工作中是以刘少

史上关键会与议，
认定路线是与非

---

❶ 1937 年 6 月的延安白区工作会议后，由张闻天、毛泽东、刘少奇派到上海，后任江苏省委（绝大部分地域在中原局辖区）书记。在华中主管城市工作后，1944 年调中央城市工作部任副部长。

❷《胡乔木回忆毛泽东》(修订本)，人民出版社 2014 年版，第 198 页。其中，提出少奇同志是白区工作正确路线的代表。

❸ 中共中央文献研究室编：《刘少奇年谱（1898—1969)》上卷，中央文献出版社 1996 年版，第 371 页。

实践真知　故地新生 ｜ **175**

刘少奇、陈毅
和在新四军工作的
奥地利医生罗生特
在苏北盐城的合影。

奇为代表的，他是久经考验的，很老的、很好的领导人。这
不仅为错误路线的实际结果所验证，也为刘少奇这些年在华
北、华中的一系列成功实践所验证。

毛泽东在 1937 年就说过，少奇同志在路线问题上很少
犯错误，"他一生在实际工作中领导群众工作和处理党内关
系，都是基本上正确的……他一生很少失败……像他这样有
经验的人是不多的，他懂得实际工作的辩证法" ❶ 。1938 年
9 月至 11 月的六届六中全会，毛主席又代表中央作出结论：
"少奇同志历来是正确的"。这次"九月会议"前后，毛泽东
写下著名的"九篇文章批判" ❷ ，在第八篇中高度评价：刘少

---

❶ 中共中央文献研究室编：《毛泽东年谱（1893—1949）》（修订本）上卷，
中央文献出版社 2013 年版，第 679 页。

❷ 毛泽东：《关于一九三一年九月至一九三五年一月期间中央路线的批判》
（1941 年 9 月左右）。长达五万多字。针对中共六届四中全会后中央发出
的九个文件，逐一重点严厉批判，痛快淋漓，尖锐透彻。毛泽东曾爱不
释手，多次想分级公布，至今未解密。我简称之为"九篇文章批判"。

奇同志是我党在国民党区域工作中"正确的领袖人物"，是唯物的辩证的革命观的代表。

1943年，毛泽东回顾，讲了段平实而又耐人寻味的话："六大选出的中央委员还有五个人❶，只有少奇同志和我是受他们反对的，其他是拥护王明、博古路线的。要改造中央，

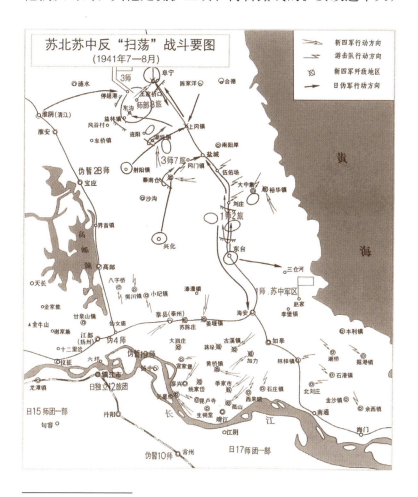

苏北苏中反"扫荡"战斗要图
（1941年7—8月）

---

❶　"六大"23名中央委员，仅剩毛泽东、刘少奇、周恩来、任弼时、关向应五人；李立三除名。

就非经过各种步骤，使大家觉悟成熟不可……1941年'九月会议'是改造的关键"❶。

"九月会议"未结束，毛泽东发紧急电报，一定要让刘少奇安全回延安，并在返程中解决山东等问题。

此时，父亲到华中（包括中原局）不到三年，局面已大变。然而，许多棘手问题仍需解决，新建、重建和整编才半年左右的华中局与新四军，不赞成刘回延安，"否则会失掉中心"❷。逆强势、力顶暴风骤雨，顺民意、苦战夜以继日，繁重的工作、劳神伤体，巨大的压力、呕心沥血，使尽洪荒之力的刘少奇，积劳成疾，更难即时离开。

毛泽东多次关心、询问、催促了五个月。

1942年3月，在中共中央华中局第一次扩大会议快结束时，刘少奇宣布中央决定他回延安。此时，新四军主力发展到13万。华中局建立起豫西、豫北、豫皖苏、冀鲁豫、苏鲁豫、鄂豫皖、鄂中、苏北、苏中、苏南、淮北、淮南、皖南、浙东等大块根据地和游击区，加上华中局领导的山东根据地和数万八路军，军队逾20万，领导华中和整个华东地域，与华北八路军和解放区紧贴相连，形成了持久抗战的战略格局。❸

19日，父亲带领一百多名赴延安的干部，离开华中局

正确的领袖人物，
代表唯物革命观

---

❶　《胡乔木回忆毛泽东》（修订本），人民出版社2014年版，第290页。

❷　中共中央文献研究室编：《刘少奇传（1898—1969）》（上），中央文献出版社2008年版，第406页。

❸　翟清华（军事科学院研究室副主任、研究员）：《民主革命战争时期刘少奇军事战略思想研究》，2017年8月1日。

经山东转赴延安。

　　第一次世界大战，日本将德国人赶走，划山东为势力范围（半殖民地），甚至比满洲还早纳入日本所谓的"共荣圈"。前面提到 1928 年父亲在顺直省委时，适逢济南"五三惨案"，他深谋远虑，就做过暴动准备。1936 年在北方局时，刘少奇领导恢复和发展山东党的工作，派黎玉任省委书记。黎初到济南，同任国桢、陈少敏相仿，在街上拉黄包车，既以此糊口，又挨个寻找断线、隐蔽的同志，恢复重建起各级党组织。蓬勃兴起的全国抗日高潮，对山东人民既是巨大的声援和促进，也使山东面临的形势更加严峻。一方面，气急败坏的日军对抗日军民镇压更残酷；另一方面，水深火热中的民众反抗更强烈。

　　抗日战争全面爆发后，父亲即把山东划为独立的"游击

　　经过三年的艰苦斗争，刘少奇和陈毅等同志一起领导华中各级党组织和新四军在苏、浙、皖、豫、鄂等五省的敌后广大地区，逐步建立了巩固的抗日根据地和抗日民主政权。1942 年 3 月，刘少奇奉命调回党中央工作，中旬离开苏北地区，他途经山东时，代表党中央帮助山东分局总结抗战以来的斗争经验，确定以后的斗争方针和任务，并且调整了领导干部的职务，加强了干部的团结，为开展山东工作的新局面奠定了基础。图为刘少奇与罗荣桓（右二）、萧华（右四）、黎玉（左一）、周长胜（左二）、杜明（左四）、梁兴初（右三）、陈光（右一）在山东临沭县朱范村的合影。

战略区"，发动山东多地起义暴动，拉起武装。其恸地牺牲，不亚东北抗联；其惊世顽强，不逊"冀东暴动"！1938年3月，刘少奇、杨尚昆致电毛泽东："如有可能，目前即组织一支得力游击队到山东去"[1]。4月21日，毛泽东、张闻天、刘少奇联名发出《在河北山东平原地区发展游击战争》的指示，1938年成立的八路军山东纵队，1942年已扩充到五万多人（为当时八路军各纵队中人数最多的）。1938年底至1939年夏，中央军委派徐向前、朱瑞、陈光、罗荣桓率一一五师第一纵队共七千多人梯次突进，与山东纵队并肩作战，共同发展，形同插入日本肋间的钢刀，地位极为重要，"成为全国性的重大战略单位，在发展华中、巩固华北

徐向前

晋察冀边区民兵在敌人将要经过的河滩上埋地雷。

---

[1] 中共中央文献研究室编：《刘少奇年谱（1898—1969）》上卷，中央文献出版社1996年版，第206页。

的意义上，山东更成为两大战场联系的枢纽"[1]。

当年所谓的"山东问题"，简单说是指导思想受王明"两个一切"影响，多方面工作出现明显偏差、混乱、停滞，甚至有所倒退，根据地萎缩。加上军地之间不协调、领导之间有分歧、干部不团结，未将中央"九月会议"精神贯彻到实际工作中，影响了全面发展。[2]父亲在山东四个来月，广泛调查研究、反复交换意见，开了多次重要会议，加强组织和领导，调整军地机关，统一整编部队，发动群众，减租减息，改善民生，等等，解决了长期存在的复杂问题。当年始终陪同父亲的谷牧叔叔，晚年时追念评价：少奇同志对山东工作的批评，振聋发聩，使大家端正了路线方针，提高了干部政治思想水平，对山东的抗日斗争形势胜利发展，起了非常关键的作用。[3]黎玉回忆，刘少奇为"山东党拨正了航向……从根本上扭转了局势，而且由此乘胜前进"，为坚持抗战，发展壮大，为日后的解放战争打下很好的基础。[4]

在华北平原地区坚持抗日的广大军民创造了地道战。地道使家家相连，村村相通，形成地下交通网。图为冀中人民在挖沟掘道改造地形，以坚持平原游击战争。

---

[1]　中共山东分局：《关于"抗战四年山东我党工作总结与今后任务"的决议》，1942 年 10 月 1 日。

[2]　中共山东分局：《关于"抗战四年山东我党工作总结与今后任务"的决议》，1942 年 10 月 1 日。

[3]　参见《谷牧回忆录》，中央文献出版社 2009 年版，第 92—95 页。

[4]　中共中央文献研究室编：《刘少奇传（1898—1969）》（上），中央文献出版社 2008 年版，第 416—425 页。

刘少奇再次启程，7月底到微山湖。铁路线是日军最强的封锁线，为全力护送刘一行跨过，❶ 铁道游击队奇兵巧计、神出鬼没。父亲目睹耳闻、仔细询问，很是赞赏、鼓励推荐。新中国成立后，出小说拍电影，影片结尾有句话：我们马上有新的任务，要护送中央首长——小说则提到首长名字。

上面讲到在北方局时，父亲发现发动平原游击战，并进行推广。这次沿途，他还发现了地道战（吕正操、黄敬总结）、地雷战（陈赓、王新亭总结），广为推荐。他赞扬为人民群众的伟大创造，并将游击战争上升到人民战争的高度，普遍应用于实战！后来这些都拍成电影，并在世界上被广泛效法，载入军史和教科书。❷

在世界军史和军事理论界，总结就是创造。一个战例、一种战法登堂入室已极其难得，如闪电战、登陆战、偷袭珍珠港等。而游击战争——人民战争的一系列战略战术战法，一系列蔚为奇观的战例，其整套的理论与实践，在世界军事史上写下极为辉煌的一页，占有重要位置。

今天世界上的战争，已将铁（道）、公（路）、水（运、蓄供排）、空（航、低慢小）、管（诸多管网）、电（发输配、信息网络）等公共基础设施，列为正规战攻防重点，丛林山地城市平原游击战、地雷战、地道战、特种战，更是满世

---

❶ 刘少奇从苏北出发时的一百多人，到山东后已分散。由于日军严密封锁，为保证安全，此时仅随行二十余人。

❷ 中共中央文献研究室第二编研部编著：《刘少奇军事画传》，贵州人民出版社2009年版，第219—228页。

界，并融合各种高科技手段。许多战争理念与定义，如"前线""后方"等，逐渐模糊乃至消失，甚至将战争、战役、战略、战术集于一场战斗行动中。人民战争，堂堂正正登上现代军事殿堂。论鼻祖，当为我首创的游击战争！发明者，当属中国人民！我想，当年的发现者、推广者和理论总结者，功不可没。

经过晋冀鲁豫根据地，老战友们久别相逢，情深意切。"文化大革命"中，与我父亲紧绑一块儿的邓小平叔叔，晚年回忆起刘少奇，少不了那次迎接途经过客，炖了干羊肉，"好久没吃过肉啦"❶，倍儿香！四川人最会吃，能让一位尝遍天下美味的巴蜀老叔回味终生的，那得多香啊？——闻香思人，真情实意！

有时，我会陷入冥思妙想：老辈将帅，指挥千军万马、驰骋血雨疆场，久别托命战友、重逢相拥摩肩，尽享口福笑谈、返璞归真还童。那气息氛围、历久回味，别样浓浓香！那天真神态、童叟无异，同样萌萌哒！——不觉痴迷，让我泪盈。

---

❶ 邓榕回忆。

战友佳话　历史选择

　　1942 年 9 月底，父亲到北方局、八路军总部、太岳等地区。9 月 21 日，毛泽东电示："对华北工作加以考察"并附材料。父亲熟悉华北，深入考察，肯定了大局主流加以鼓励后，批评了彭总（彭德怀代理北方局书记，书记杨尚昆已调回延安）。主要是指，兵最多、人最强、军地条件最好、群众基础最厚，各方面发展却没有许多地方大；彭偏重军队，轻视其他，主观自负等。看着刘当众批评，彭却微笑着给刘倒茶水，大家都很吃惊。彭总脾气大是有名的，谁都敢顶敢骂，没见过挨批还这样和气的。

　　最近，市井网络风传，被毛主席称为"不是好人"的"文化大革命"小爬虫瞎煽呼，说刘少奇一直整彭德怀。我不得不就我所了解的情况简述看法❶，以却尘嚣，以正视听。

　　刘少奇（生于 1898 年 11 月 24 日）与彭德怀（生于 1898 年 10 月 24 日），俩湖南伢子从青壮年起，都敢作敢为、

---

❶ 中央文献研究室逄先知老主任，"文化大革命"前在中南海时，我称他"大逄叔叔"。近年，他多次嘱我驳斥戚本禹。我答应他，但说我不会专文高抬历史定论的这类小丑，只认真写史实。

实话实说、坚毅执着、平强扶弱，不露温情却内心如火。按时下话，哥儿俩肝胆相照、关系更坦诚率真，更平易随性。彭对刘也发脾气，但每次或被刘严肃理智地说服，或证明彭有误，有时几句话就噎住没词"断片儿"了，所以越吵越少，甚至听着严厉批评，彭也成了"好脾气"。除了刘，还有一位高岗，对彭是你粗我更粗，开口即骂，见面即骂，骂了笑，笑着骂，骂了夸，夸着骂，彭只得笑笑"没脾气"。据说，一次彭总骂"高麻子"，高回骂了一句，彭被逗笑了，以后经常用以自嘲：我的坏脾气，是"高山顶上（高的原话是'高岗头上'）倒马桶，臭名远扬"。这在党内高层已见怪不怪，彭总恰恰与这两位"不对脾气"的人交好，❶ 传为笑谈。

攀比行伍缘分，彭伯伯入湘军当兵那年，父亲高中讲武堂，同年兵龄；彭1922年也入湖南讲武堂，刘是早六年的学长。长征时刘与彭共事几个月，以后就是"争吵"游击战争。因北方局与八路军总部驻同地，袍泽故旧，密切并肩，合作无间。一个严肃、稳健、智慧，一个严厉、暴烈、机敏。

杨尚昆叔叔有段回忆，认为这次路过，父亲批评彭伯伯过严过苛、不平不公，❷ 说俩湖南老倌，倔起来拍了桌子。我还听许多当事的老人们讲：刘批评后，彭霍起来，一头扎进地方党政，像打硬仗狠抓猛冲，深入调研仔细倾听，民主讨论群策群力。彭总脾气没改，工作力度和方式大变，强将手下本就无弱兵，又为大将军憋着一股劲，像杨尚昆那般感

---

❶ 我从很小时就反复听此说。

❷ 《杨尚昆回忆录》，中央文献出版社2001年版，第199—200页。

同身受、齐心协力，推举各项工作报捷！正应了孔老夫子说的：有过"更也，人皆仰之"！我琢磨着，父亲或许做对了？可能是过于严苛，但至少他是为公，何况效果奇佳！

后人有戏言，父亲是用"激将法"来"激"老帅。在我看来未必。因为刘少奇一贯认为，"人非圣贤，孰能无过？"同志间的互相批评，也是党的自我批评，如同党批评自己。严肃认真地开展批评与自我批评，是我党区别于其他政党的显著标志。闻过则喜，过而能改，善莫大焉！

听我外公说，日本有本小册子，将毛泽东比作刘邦（不是刘备）、曹操，刘少奇是"小诸葛"，彭德怀是"猛张飞"。彭敬刘、修养楷模、雄才慎行、俊杰非凡，有难必定先商；

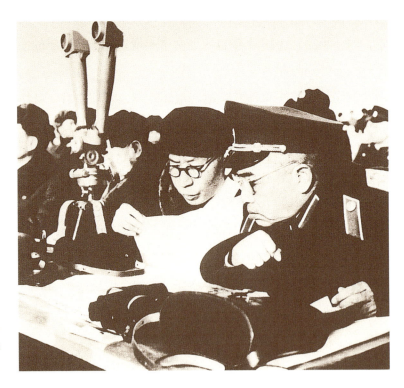

1955 年 11 月，刘少奇和彭德怀在大连观看军事演习。

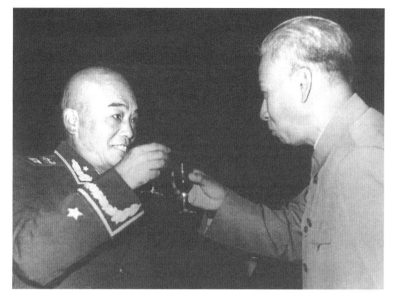

1955 年 2 月 8 日，人大常委会通过在全军实行军衔制的决定。同年 9 月 27 日晚，在中南海怀仁堂后院，刘少奇主持举行了庆祝中国人民解放军授衔授勋酒会。这是向彭德怀元帅祝酒。

刘敬彭，赤胆忠心、战功彪炳、英雄自别，无不牵肠挂肚。总之，他俩是同志式的敞开心怀、直抒胸臆，和而不同。

出兵朝鲜前，毛主席见彭谈话不长，刘与彭却忙里拨冗、长叙短晤不隔日。彭回国后，在中南海与刘、朱、杨邻居，像八路军总部和北方局时那样，在一个饭厅用餐，如果愿意，一天数见。"高饶事件"时，众人担心"彭大将军"会"横刀立马"，毛泽东甚至让人传话警告，刘少奇却泰然自若。

1959 年上庐山时，列车同行、共辇倾诉。近来有书公开透露，彭总在火车上讲：中国问题的严重，困难继续下去，也许只有靠苏联红军帮助我们才能解决了。我母亲回忆，在车上彭总谈了意见、说过气话，还是相当克制的，没听到上面那句话，只看见父亲再三叮咛彭帅不要多讲话。

看来彭总不高兴，但未听说过头言

庐山会议顺利开过十多天，毛主席突然将彭的上书印发。开始许多同志认为彭总反映的意见很好，张闻天说毛主席还当面肯定了他的发言。始料不及，毛主席临时召集全体会议激烈批评，没有任何回旋余地，会议转向。并非当今有些人臆想的众皆默然，庐山批彭一边倒，群起而攻，群情激昂，批判的不是彭上书的内容，不在"为民鼓与呼"，而是纠葛积怨旧账，上纲到趁机发难篡权，彭百口莫辩。我始终默忖纳闷，彭对毛说了句名言："华北会议骂了我40天娘，难道庐山会议骂你20天娘还不行？"❶ 这指的是1945年"七

1953年5月7日，刘少奇、王光美和彭德怀、浦安修在中南海瀛台散步。

---

❶ 转引自薄一波：《若干重大决策与事件的回顾》（修订本）下卷，人民出版社1997年版，第910页。

大"前后断续开的华北工作座谈会，为什么冲着毛嚷。这句话被抓住当作彭动机不纯、挟嫌报复的话把儿。我觉得是欲加之罪，这话没那么简单。但从效果上看，不说为好。

毛主席要父亲主持批判会，刘一直压制众口喧噪，甚至声色俱厉喝止对彭动粗。❶三十年间似反掌，朱老总脱口一句："谁能想到，当年我们在一口锅里吃过饭呐！"至今让人心碎！

更大的损失是对国家和人民，纠"左"主题立时冲没了，变为反右。这最让父亲心疼气愤！❷庐山会议后遗症极大，造成的历史恶果早已定谳。会上会后的一段时间里，父亲几乎天天同彭德怀、黄克诚、张闻天、周小舟谈话，有一次在中南海西楼饭厅，我低头侧目亲眼见，隔着屏风偷耳听，恍如昨日。❸

---

❶ 王光美口述，黄峥文字整理：《风雨无悔》，人民文学出版社 2015 年版，第 199—204 页。

❷ 中共中央文献研究室编：《刘少奇传（1898—1969）》（下），中央文献出版社 2008 年版，第 771—775 页。

❸ 见刘源：《做好人，才能做好官——回忆杨尚昆主席》，《中国青年报》2007 年 12 月 2 日。录其中段，描述在西楼饭厅就餐时老小融融亲情：上善若水、铁骨柔肠，别样动人情魄。这一场景之所以深刻于心，也缘于之后不久就发生的庐山会议。我反复琢磨——几位都是川湘老汉，有相同的理想和信念，又有共同的生死交情，有相同的征途与家庭，又有共同的爱憎情仇，怎么就分裂了呢？每念及此，令人叹息不已、碎骨断肠，更加痛彻心肺。庐山会议之后，一次饭毕，彭老总要与父亲谈谈。因餐厅的另一半是用屏风隔开的会议室，他们就转过去谈。我在饭桌上"打扫战场"，看到杨爸爸（随杨尚昆女儿杨李称呼）站在屏风这边侧耳倾听。彭伯伯说话的声音大而急，满口湖南腔，我一句也听不懂。忽然，他厉声高喊了一声："尚昆，你也过来！"我吓得屁滚尿流，撒腿就跑。这场景，如今仍历历在目，而红三军团三位巨头战友之间的交谈，一个孩子即使在场细听，也肯定绝难理解。

1962 年一、二月间的七千人大会上，父亲解脱了黄、张、周，说彭德怀给党的主席写信"不算犯错误"，只要搞清彭利用高岗是否与"外国人在中国搞颠覆活动有关"。彭立即"郑重声明没有此事"（后上"八万言书"），明摆着给彭的"庐山事件"平了反，明摆着留下一小步由毛主席作决定。林彪逆向大搞个人崇拜迷信，谗佞言行记录在案，❶ 可谓"潜人之酿祸"。

七、八月间的北戴河会议就批了"翻案风"。康生阴诡栽赃"利用小说反党"，批倒彭伯伯的老搭档仲勋叔叔。柯庆施 ❷ 同恶相帮、叵测挑拨《海瑞罢官》借古讽今。之后，

---

❶ 见张素华：《变局——七千人大会始末》，中国青年出版社 2009 年版。林彪 1962 年 1 月 29 日大会发言讲："当时和事后都证明，毛主席的思想总是正确的。可是我们有些同志，不能很好地体会毛主席的思想，把问题总是向'左'边拉，向右边偏，说是执行毛主席的指示，实际上是走了样……毛主席的优点是多方面的……我个人几十年体会到，毛主席最突出的优点是实际，他总比较人家实际一些，总是八九不离十的……我深深感觉到，我们的工作搞得好一些的时候，是毛主席的思想能够顺利贯彻的时候，毛主席的思想不受干扰的时候。如果毛主席的意见受不到尊重，或者受到很大干扰的时候，事情就要出毛病。我们党几十年的历史，就是这么一个历史"。——最近透露叶群记录林彪的话：何为伟大人物？一号（毛泽东）利益的代表者（应声虫——原文）……要把大拥（拥戴）、大顺（顺从）作为总诀。跟着转，乃大窍门所在，要亦步亦趋，得一人而得天下。不论此记载准确与否，确为史实写照。观"文化大革命"中，林彪先"大树特树"，后"五七一（武装起义）工程"……盖棺论定，先功勋卓著、常胜战神彪炳，后暗算叛逃、口蜜腹剑入史。

❷ 见《陈丕显回忆录》记载：1958 年"大跃进"的成都会议上，柯庆施名言："跟从毛主席要到盲从的地步，相信毛主席要到迷信的程度"。讲话稿是张春桥起草的，会上反响很大。因为离 1956 年"八大"作出反对个人崇拜迷信的决定才一年多。庐山会议上，柯也有突出表演。

装甲兵司令员许光达（左一）陪同刘少奇（左三）、彭德怀（左五）观看59式坦克模型。

江青秘密到上海与柯庆施、张春桥奸宄陷人，策划批吴晗文章。正是"鬼蜮之害人"。

一个月后的中共八届十中全会，毛泽东再严厉谴责"翻案风"，上纲到"阶级斗争"，审查彭德怀、习仲勋"反党集团"案。❶回顾真个是："运命唯所遇，循环不可寻"。

父亲锲而不舍，耐心说合转圜。直到1965年9月23日，毛主席见彭德怀（刘少奇、邓小平、彭真在座）谈去三线工作，说"也许真理在你那边"❷。同月，习仲勋也被"下放"洛阳矿山机械厂当副厂长。可算松了口气吧？仅一个多月后

---

❶ 中共中央文献研究室编：《刘少奇传（1898—1969）》（下），中央文献出版社2008年版，第841—842页。

❷ 中共中央文献研究室编：《毛泽东年谱（1949—1976）》第五卷，中央文献出版社2013年版，第529—530页。

的 11 月 10 日，上海就刊出批判《海瑞罢官》文章，直斥为彭"翻案"。难道江青、姚文元、戚本禹（均被最高法院判刑，剥夺政治权利）敢批判毛泽东不成？

被称为"'文革'序曲"的"批海瑞"恶檄出笼半年，"文化大革命"伊始，长是相隔千里，故人不知何处？"保彭德怀、习仲勋"正是刘少奇、邓小平和彭真的"一大罪状"。

这些，均为众所周知、千真万确的史实。

中国历史上下五千年，文字纪年连续三千载，"大奸似忠"典型翻新，"大伪成真"古怪层出，"佞臣叛将"屡见不鲜。凡败类谄官得势、小人恶吏得志，岳飞于谦冤死亭狱，忠臣良将众眯齐喑，盛世明君万难抵挡，国难民灾百业俱毁，非完蛋不可！

要说彭德怀与谁最和好、关系最正当，我敢说一定是与我父亲。但有个前提，即使从本书看，诸公也会认同：除了维护大局、严守政治规矩这些共同的基本准则外，毛刘交往之深厚密切，相契相合，恐怕在党内无人可望其项背，更非毛彭、刘彭关系可企及。

今天，毛伯伯、彭伯伯、我父亲，仁湖南老伯老爹，已居天际间，千唤不一回。我说的这些，凿凿镌刻，历历在史，自是人生长悔水长东，"休言万事转头空"。

早被历史定为造谣、污蔑、挑拨、猛舔之蛊吏小丑，自会越抹越丑！我们后代起码要尊重历史和前辈，不能找碴儿抓话把儿，信口开河。否则，以后就没有历史。

1942 年 10 月，父亲从彭总处开拔，过晋西北。贺龙元帅后来多次跟家人回忆为刘少奇洗尘，热情热烈，朴素真

刘少奇"小长征"路线示意图

1942年3月19日，中共中央候补委员、华中局书记、新四军政委刘少奇，奉中共中央指示，从江苏阜宁单家港起程，赴延安筹备党的七大，途经江苏、山东、河南、河北、山西、陕西六省，行程3000余里，越过敌人103道封锁线，终于12月30日安全到达延安。

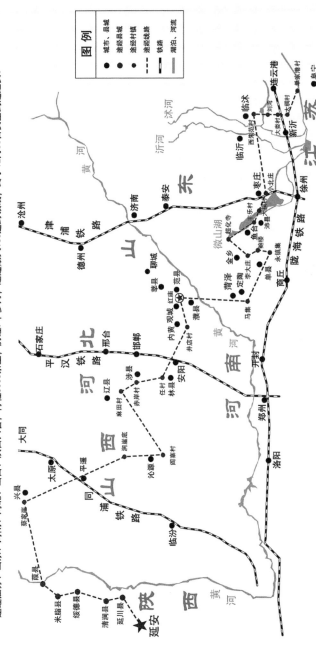

刘少奇"小长征"路线示意图。

1943 年 3 月 20 日，刘少奇在延安出席中共中央政治局会议。会议决定重新组成领导全党日常工作的中共中央书记处。书记处由毛泽东、刘少奇、任弼时组成，推举毛泽东为中央政治局、书记处主席。图为 1943 年刘少奇在延安。

挚。不知刘可曾向湖南老乡提起南昌起义前，搭贺军长差船上庐山的往事？雁北的凛冽寒风中，贺龙伯伯把皮大衣披在父亲瘦高的身上。现在的影视照片上可看到，1949 年中央进北平检阅时，刘少奇穿的就是这件军大衣，一直到"文化大革命"。今已成珍贵文物。

回望此地，更是"昔日长城战，威言意气高"。中共中央晋绥分局代理书记正好是林枫叔叔，他和郭明秋妈妈迎送父亲，可以想见，旧情谊之深远、新感慨之良多。

前后九个月的"小长征"，父亲披星戴月、沐雨栉风，穿过 103 道封锁线，终于在 1942 年 12 月 30 日回到延安。

在抗日战争最艰难胶着的年代，这次"小长征"由毛主席亲自部署指挥、刘少奇亲身历险实战，数十将帅亲出上阵近卫，跨多个中央局、解放区，穿大块敌占区、"国统区"，惊动日伪顽匪堵截搜捕，调动各地八路军、新四军、地方部队、游击队，高度机密紧张，高度机动惊险，成为极为特殊的一次大军事行动，是为那时期标志性的一场大规模战事！

很多老革命、老战士都回忆这次艰巨的"护送"任务，上至邓小平、彭德怀、贺龙、刘伯承、陈毅、罗荣桓、聂荣臻、林枫、薄一波、粟裕、陈赓、黄克诚、张云逸、徐海东等，广泛出动各地部队，如铁道游击队、平原游击队等，惊心动魄历久难平，光荣胜利引为自豪！不久前，我的同学，广东省委原副书记、深圳市委原书记刘玉浦说，他近百岁的老父亲，就常常回味、"耿耿于怀"那段奇幻战事。事实上，那确实成为游击战争中斗智斗勇、卓绝非凡的一大光辉战例！

1943 年 1 月 1 日，中央在延安大礼堂开了欢迎大会。❶此时的刘少奇，"平生塞北江南，归来华发苍颜"，而眼前，是万里江山！

3 月 20 日，中共中央政治局召开会议组建新的书记处。这可以说是我们党第一代中央领导集体的雏形了：毛泽东是政治局和书记处主席，刘少奇和任弼时是书记处书记。与此同时，中央军委改选，刘少奇任副主席之一。❷

这次中央组织机构的重大调整，按父亲的意见："书记处应有一个主席，其他两个书记是主席的助手……要能处理和决定日常工作……书记处会议由主席召集……主席有最后决定之权。"❸这里决定的是"日常工作"，大政方针仍由中央政治局集体决定。同时，成立中央宣传委员会，毛泽东任

---

❶ 中共中央文献研究室编：《刘少奇年谱（1898—1969）》上卷，中央文献出版社 1996 年版，第 409、410 页。

❷ 中共中央文献研究室第二编研部编著：《刘少奇军事画传》，贵州人民出版社 2009 年版，第 234—236 页。

❸ 《胡乔木回忆毛泽东》（修订本），人民出版社 2014 年版，第 274 页。

武装人民打天下，
千军万马驱烽烟

书记；成立中央组织委员会，刘少奇任书记。

中央书记处的三位领导，同为湖南人，祖居相距不足百里。当毛伯伯"意气风发、指点江山"时，父亲和弼时叔叔作为留苏学生负笈莫斯科。一年后，刘少奇第一批"从西天取经"归来，与毛泽东（书记）同在湘区执委"一个班子"。因反对"立三路线"，毛、刘各自在红区白区挨整，又同时于六届四中全会进入中央政治局为候补委员。遵义会议后，毛泽东逐渐成为党中央的主持人，直到这时才正式成为"一把手"。同时，刘少奇成为"二把手"，兼任军委副主席，同案辅佐指挥全党全军，运筹于帷幄之中，决胜于千里之外。

这里，借我母亲的一句比喻：如果说长征中遭受巨损的危亡关头，遵义会议挽救了我党和人民军队，是起死；❶ 那么，少奇在华北、华中六年的继续"长征"，空前发展了党和人民军队，这次毛泽东正式任主席领导党中央的大改组，则是回生。❷

紧接着4月至5月，发生了一件影响深远却易被忽视的大事：让各国共产党倍感意外，共产国际突然宣布解散！显然，出于复杂的国际关系和苏联卫国战争之需，斯大林当机立断。无论对国际共产主义运动的利弊得失如何，此事对中国共产党来说，则意味着历史性的大解脱、大激励、大飞

---

❶ 遵义会议后，红一方面军总员额仍损失了80%，但毛主席将整个红军带出死亡到陕北。

❷ 王光美、刘源等：《你所不知道的刘少奇》，河南人民出版社2000年版，第17页。

跃。雄鹰羽翼已丰，直上山巅云间，翱翔海阔天空！

1943 年 9 月，中共中央政治局扩大会议召开，会议批判王明前"左"后右的错误路线，史称 1943 年"九月会议"。毛泽东在会前写道："刘少奇同志的见解之所以是真理，不但有当时的直接事实为之证明，整个'左'倾机会主义路线执行时期的全部结果也为之证明了"❶。

1943 年 8 月 2 日，在重庆三年多的周恩来回到延安，欢迎会上他说："过去一切反对过、怀疑过毛泽东同志领导或其意见的人，现在彻头彻尾地证明其为错误了"❷。之后，周多次长篇报告路线问题，其中说道："白区工作时期（1927—1937 年）刘少奇同志的意见是正确的"。经过断断续续几个月认真深入讨论，认定了许多是非，为后来起草《关于若干历史问题的决议》提供了依据。

1943 年 7 月 6 日，刘少奇为纪念中国共产党成立 22 周年，在《解放日报》上发表《清算党内的孟什维主义思想》。

---

❶ 《胡乔木回忆毛泽东》（修订本），人民出版社 2014 年版，第 275 页。

❷ 《周恩来选集》上卷，人民出版社 1980 年版，第 138 页。

出于下文之需，仅简述一事：受王明错误路线影响，我党在整个华南的抗日武装只有万余人，❶其地域敌占区、"国统区"的城市秘密工作明显弱小。北南态势相比，成败天壤之别。项英已故作古，没人追究；王明巧舌如簧，也无辩词，没咒念了。实践得出的结论，证明了真理在哪一边。

胡乔木回顾点赞："少奇同志到华中发展新四军和开辟根据地的工作成绩卓著，与项英领导的皖南形成了鲜明对照的两种局面"❷。会议决定，"巩固北方，发展南方"。准备先从河南、湖北向南突入，刘少奇负责。

1944年春夏，日军实施"一号计划"，打通平汉铁路河南、湖南段。国民党军队一败涂地，几个月丢失了一百余座城市。日军占领长沙、衡阳，已是强弩之末，又发动桂林、柳州会战，攻入贵州，直插重庆。数倍于敌的国民党军队，在拥有美式装备和制空权的优势下惨败溃逃。民怨沸腾，国际震惊！❸

有台湾将领跟我说："抗战时，国军在正面战场起主导作用，共军是敌后战场"，意为偏师。我说，你们的官兵确有许多英勇事迹，为中华民族作出牺牲很光荣。但你们实在

---

❶ 海南岛的冯白驹，从红军时期坚持下来的琼崖纵队，不足五千人，艰苦卓绝又隔海难以发展；广东的曾生、尹林平，1938年由海外港澳侨胞发起、1943年12月正式成立的东江纵队，发展迅速已过万，却接应不上。

❷ 《胡乔木回忆毛泽东》（修订本），人民出版社2014年版，第275页。

❸ 中共中央文献研究室编：《刘少奇传（1898—1969）》（上），中央文献出版社2008年版，第462、463页。

是没打几场漂亮仗，台儿庄战役三十万打胜五万，整个徐州会战（台儿庄是其中一场战役）、武汉大会战（徐州会战是其中之一）都惨败。"降兵如潮，降将如毛"，成千上万官兵，换身衣服、改个建制就成了伪军。直到1945年，以优势装备对苟延残喘的日军，你们"国军"还丧失大片国土，仅日本投降前的一个月中，浙赣闽竟有十来个市县陷落于日军铁蹄，你们丢了半个中国。而我们共产党"步行夺得胡马骑"，在敌后打出百万军队、几百万民兵游击队，打出一亿多人的解放区，没靠你们国民党的支援，枪支弹药、物资装备都是我们自己缴获、自力更生解决的。更从未有过成帮结伙的叛降。谁是中流砥柱，事实胜于雄辩！"国民党的腐败无能已达到惊人的程度，挽救全民族危亡的全部责任，更加明显的落在我党身上"（刘少奇语）❶。为什么抗日战争之后，人民群众拥护共产党、废了国民党呢？

---

❶ 中共中央文献研究室编：《刘少奇传（1898—1969）》（上），中央文献出版社2008年版，第462页。

众望所归　乾坤翻转

1944 年 9 月 22 日召开的中共六届七中全会主席团会议，酝酿成立毛泽东提出的"解放区联合会"，认定我党实际上抵御了四分之三的日军，而国民党军队仍在丢弃国土。

中共六届七中全会选出毛泽东、朱德、刘少奇、周恩来、任弼时、林伯渠、彭德怀、康生、陈云、陈毅、贺龙、徐向前、高岗、张闻天、彭真为主席团成员。图为大会主席团成员。

刘少奇在会上又提出："除解放区联合会外，还可成立解放军（8月刘已在军委提出），八路军、新四军名义已经不适用了"。经会议讨论交"七大"决定。❶

刘少奇

半个月后，中央就命名了延安指挥的河南人民解放军，王树声❷为司令员、戴季英为政委，率部与李先念的新四军五师北南对进河南，占据国民党汤恩伯部溃败沦丧的地区。这是最早在党中央提出，并由中央命名"人民解放军"，标志着开始筹备建立共产党领导下统一的人民军队。当然也是军史、国防史上的大事！

1945 年 4 月 23 日，中共七大召开。关于"七大"在党

1945 年 4 月 23 日 至 6 月 11 日，中国共产党第七次全国代表大会在延安杨家岭大礼堂举行。5 月 14 日，刘少奇在七大作《关于修改党章的报告》。在这次代表大会上，刘少奇当选为中共中央委员；在 6 月 19 日举行的中共七届一中全会上，当选为中共中央政治局委员、中央书记处书记。

---

❶　中共中央文献研究室编：《刘少奇传（1898—1969）》（上），中央文献出版社 2008 年版，第 464 页。

❷　王树声大将夫人杨炬阿姨晚年时，每次见面都回忆我父亲代表中央军委与王大将谈话，并自豪于"这是第一支人民解放军"！

中共七大会场。

确立毛泽东思想，
实事求是定精髓

史上的地位与贡献，关于"团结的大会、胜利的大会"，大家都耳熟能详。

　　只强调，父亲是最早提出"毛泽东思想"的倡导者之一，"首先提出'毛泽东思想'的概念"❶。为将其确立为我党的指导思想，他多年来所起的作用，无人堪与比肩。"七大"上，刘少奇将毛泽东思想定义为"马克思主义的普遍真理与中国革命的具体实践相结合"的指导思想，并全面准确地概括了思想要义内容，❷ 确立以实践的结果为检验真理的标准，理论必与实际结合，真理必经实践检验，并提炼出毛泽东思想的精髓实事求是，❸ 作为党的根本思想路线。

---

❶ 邓小平：《在刘少奇同志追悼大会上的悼词》（1980 年 5 月 17 日）。

❷ 刘少奇：《论党》，见《刘少奇选集》上卷，人民出版社 1981 年版，第 332—337 页。

❸ 引自班固：《汉书·河间献王刘德传》。"实事求是"为毛泽东、刘少奇一生所钟爱，刘少奇 1937 年的著作中已引用。

父亲不止一两次对母亲和我讲：理论来自实际，并经实践检验，不断修正完善，是非真理就看实践检验的结果。准确说，实践是检验真理的全过程，"实践的结果是真理的唯一标准"❶。

我们党信仰的基础就是辩证唯物主义和历史唯物主义，可简称"唯实"。从陈独秀、李大钊起就讲唯物唯实，而我们党犯过的大错误却恰恰是唯书唯上不唯实。从 20 世纪 30 年代到 60 年代，父亲反复铮铮高呼："要实事求是还要有勇气。没有勇气，就不敢实事求是。""坚持实事求是，就是坚持真理。"❷ 要"有最大的革命勇敢……理直气壮，永远不怕真理，勇敢地拥护真理，把真理告诉别人，为真理而战斗。即使他这样做暂时于他不利，为了拥护真理而要受到各种打击，受到大多数人的反对和指责而使他暂时孤立（光荣的孤立），甚至因此而要牺牲自己的生命，他也能够逆潮流而拥护真理，绝不随波逐流。"❸

"文化大革命"，歧义更蹉跎：林彪、江青、柯庆施❹ 的"高举""崇拜""迷信""盲从"等言行，绝非一般性奉承吹捧，而是从根本上颠倒了"真理标准"，颠覆了"实事求是"的思想路线。把"实践检验"废除删掉，以"真理"评判实践，

刘少奇的《关于修改党章的报告》，是中国共产党成立以来关于党的建设的一次全面总结。这个报告对毛泽东思想作了完整的概括和系统的论述。

---

❶ 中共中央文献研究室编：《刘少奇年谱（1898—1969）》下卷，中央文献出版社 1996 年版，第 633 页；刘源：《四清谜团》，见王光美、刘源等：《你所不知道的刘少奇》，河南人民出版社 2000 年版，第 121 页。

❷ 《刘少奇选集》下卷，人民出版社 1985 年版，第 438、440 页。

❸ 《刘少奇选集》上卷，人民出版社 1981 年版，第 132 页。

❹ 柯庆施于 1965 年去世，但他是"文化大革命"与搞个人崇拜迷信的始作俑者。

把"是"的前提"实"虚无抠掉，以"是"定实：不说实话，不讲真情，不听批评，不许验证，真理脱离实践，领导远离实际。吹牛虚报、强迫命令、隐瞒人祸，酿成民生灾难；吹拍暗害、弄虚作假、孤立领袖，谋害忠良万千！以致所谓的"文化大革命"，将党和国家带到"崩溃的边缘"。终于，"拨乱反正"；终归，回到原点：恢复刘少奇在党的七大上确立、概括的原定意，沿用至今，永志党史。

"七大"选出中国共产党第一代中央领导集体毛泽东（52岁）、朱德（59岁）、刘少奇（47岁）、周恩来（47岁）、任弼时（41岁），❶时称"五大书记"，毛泽东任主席。在中国共产党的满天璀璨明星中，聚合出最耀眼的中央星座。

只提一点："七大"确定了"巩固华北、华中，发展华南"的战略方针。半年多前的1944年9月，中央正式决定王震、王首道率三五九旅等军队向南插入，开辟湘粤桂边根据地，连通东江纵队。此时，又组成第二梯队南下，均由刘少奇负责和领导。❷日出华夏红胜火，春来江海绿如蓝，谁不忆江南？

7月12日，中共中央通过刘少奇为中央革命军事委员会副主席兼总政治部主任。此前，毛泽东就委托朱总司令和父亲着手统编解放军，先组建野战兵团。

8月9日，七届一中全会二次会议通过《关于若干历史

---

❶ 1928年"六大"23名中央委员，"七大"时仅剩毛泽东、刘少奇、周恩来、任弼时、李立三（党的六届四中全会除名）、关向应六人，"七大"全部当选中央委员，四人进入书记处。

❷ 中共中央文献研究室编：《刘少奇年谱（1898—1969）》上卷，中央文献出版社1996年版，第449、472页。

问题的决议》，是为党史的"定海神针"，正式确立毛泽东同志为十年内战时期（1927—1937 年）❶我党正确路线的代表，其中肯定了刘少奇同志是"正确路线在白区工作中的代表"。

8 月 15 日，日本天皇宣布投降。

关于刘少奇在解放战争中的重大决策和贡献，各种文献都有记载，我仅点出最关键的，快闪呈现。

向北推进抢东北，
向南防御大撤军

日本投降后，毛主席、周恩来赴重庆谈判，刘少奇代理中共中央主席。隆重送行后，他和朱老总直奔中央党校，向东北派出大量干部。父亲动员："我们决定还是派军队去，能走路的先走，能快走的先到，到了热河边境瞪着眼睛望一望，能进去就进去，以后再抽些队伍抽些干部去东北，抽几万去，一切要看情况，有空子就钻，铁路不能走就跑路，大路不能走走小路。日本人垮了，满洲皇帝溥仪捉到了，苏联红军走了，国民党还没有去，你们要赶快去抢。"❷一场潜流汹涌的闷头大赛跑、惊心动魄的战略大进军，就以"抢占"这两个字光耀史册。

接着，最早进入满洲的"老满洲"李运昌来电报告情况，到东北的"老冀东"曾克林直飞延安面报。刘、朱决定抓住"千载一时之机"，派大量军队前往。请示毛、周同意，速成立中共中央东北局，先派林枫率中央干部团奔赴他的老家

---

❶ "十年内战时期"包括史称的"红区"和"白区"十年。——党的六届七中全会"原则通过"《关于若干历史问题的决议》，毛泽东负责具体修改后，此次会议通过。

❷ 中共中央文献研究室编：《刘少奇传（1898—1969）》（上），中央文献出版社 2008 年版，第 477 页。

抗日战争胜利以后，为了争取国内和平，毛泽东亲自赴重庆与国民党进行谈判。1945年8月27日，中共中央决定：在毛泽东赴重庆与国民党谈判期间，由刘少奇代理党中央主席职务。这是毛泽东手书的任职通知。

占东北显见大利，抢先行雷霆万钧

黑土地——再度唱响"我的家在东北松花江上"，满怀豪情壮志！

父亲认为：如果东北为我所占，与华北连片，背靠苏、蒙、朝，进可攻退可守，我解放区可摆脱长期被敌包围之局面；相反，如果国民党占领东北，拥有全国半数的雄厚工业基础，与南面国民党军夹击我解放区，再插进平津、晋绥、关中、豫中等地，形成分割包围我解放区态势。显然，占东北大利，不占则大弊，"占"与"弃"，决定中国革命的大命运！延安与重庆互电频密，高度一致。

此时，有两大难题：第一，党的七大刚刚确定的战略方针已不适用，刘少奇急电毛泽东、周恩来，必须因时而变、就势改新"向北推进，向南防御"；第二，接收日降区（包括东北）、合并解放区，必须重新划定党政各级组织区域，调动任命大量干部。而此时，不可能开党代会、中央全会，甚至书记处领导都分散开，无法集体决定。

为满足我抢占东北之需，又受制于我重庆谈判之需，毛泽东建议由"政治局成立决议，在此工作紧张时期内，全权

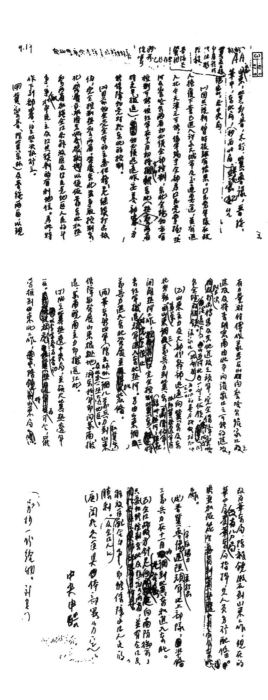

刘少奇在代理中共中央主席职务期间，代中央起草的一份党内指示电。这份电报提出了"向北发展，向南防御"的战略方针，大幅度调整了军队的战略部署，指挥了部队的战略战役行动。在此之后，他又适时制定"让开大路，占领两厢"的方针和建立巩固的东北根据地战略决策，再一次显示了他的战略家胆识和指挥才能。

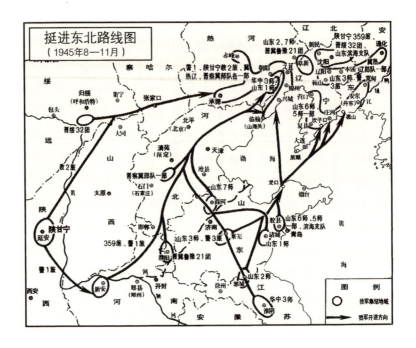

委托书记处，及中央主席及代主席，行使政治局职权"。

得到授权通报全党后，刘少奇立即召开政治局会议改变战略方针，将"巩固华北、华中，发展华南"改为"向北推进（后称'向北发展'），向南防御"。❶ 这在我党我军历史上的意义，不言自明，可称为父亲军事生涯中一大亮点！

"抢占"大略已定，怎么"抢"、如何"占"成为首要。胜负决定于实战行动！

刘少奇主持当机立断，先后将三分之一的政治局成员、百分之四十的中央委员和候补委员派往东北；从全军抽调

---

❶ 中共中央文献研究室第二编研部编著：《刘少奇军事画传》，贵州人民出版社 2009 年版，第 268—274 页。

新四军第三师经冀东冷口出关,向东北开进。

绥远部队冒着风雪东进。山丘处为雁北外长城。

一百个团的干部（团营连排班全套），收编改造几十万伪满军警；将八路军（主要是山东和冀热辽）十万、新四军（三师）三万多部队速调东北(称东北人民自治军)❶；新四军(包括军部)十万调入山东；华中及江南十多万梯次向北收缩。从速动员、闻令出发、急进前行、昼夜兼程。

---

❶ 后冀热辽也成为加强重点，停止入东北。八路军、新四军成建制入东北共十万多人。

"向北推进"是全军大动，密令悄悄疾进：非正式入东北，不声张，不发消息，不坐火车进城市，"走小路，控制广大乡村和（苏联）红军未曾驻扎之中小城市"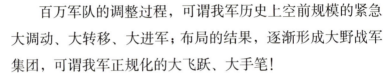。"向南防御"是收缩兵力，主要是华中的新四军、华南的东江纵队，大张旗鼓撤出，有利于重庆谈判；地方党政，必须坚守，疏散精简，转入地下。

百万军队的调整过程，可谓我军历史上空前规模的紧急大调动、大转移、大进军；布局的结果，逐渐形成大野战军集团，可谓我军正规化的大飞跃、大手笔！

英雄割据俱已矣，文武风流更无前！

借"收复失地"，蒋介石调令几百万大军抢"摘桃子"。父亲下令所在地区的军队、地方武装迟滞国民党军北上，适时提出"纠缠扭打战法"。简单说，就是野战军倒过来分散配合地方武装、游击队和民兵，围追堵截、游击骚扰、破袭作战，平原游击队、铁道游击队、地雷战、地道战全套"拿手好戏"，集中派上用场，大显神威，前后左右粘住，一路纠缠扭打，即让美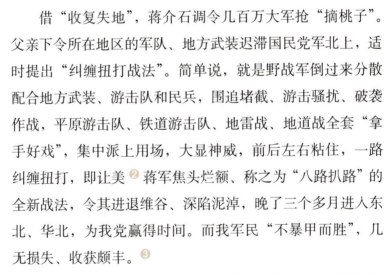蒋军焦头烂额、称之为"八路扒路"的全新战法，令其进退维谷、深陷泥淖，晚了三个多月进入东北、华北，为我党赢得时间。而我军民"不暴甲而胜"，几无损失、收获颇丰。❸

从兵法上讲，以奇用兵、批亢捣虚。集《孙子》《老子》，

兵强马壮惊世起，
文武风流更无前

转移进军大调动，
纠缠扭打显神威

---

❶　刘少奇：《中共中央致东北局电》（1945年12月21日）。

❷　美军在上海、天津、青岛等港口登陆数万军队，占领大城市。

❸　中共中央文献研究室第二编研部编著：《刘少奇军事画传》，贵州人民出版社2009年版，第275—281页。

这一战法已近"全胜无斗""大兵无创""大战无形"之最高境界。更难能可贵的，刘少奇概括这一"战法"并推广成大规模战役，创新这一"战法"并指挥成大规模战略行动，又创造性地发展丰富了人民战争宝库。大战三千里，力当百万师！可称为父亲军事实践中光辉的一页。

这时期，朱德总司令和父亲不失时机，陆续组建了实施机动作战的野战兵团，下决心打了上党战役，歼灭阎锡山部十多个师三万多主力；又赢得平绥等战役，保卫张家口，消灭傅作义军万余。在重庆谈判的毛泽东闻讯，连呼打得好："人家打来了，我们就打。打是为了争取和平。不给敢于进攻解放区的反动派很大的打击，和平是不会来的"。

刘少奇又及时组织各方，大力宣传国民党第十一战区副司令、新八军军长高树勋率部在邯郸战役中起义，在蒋介石和国民党最跋扈忘形时，顿晦其颜挫其锐。❶

毛主席在重庆谈判四十多天，由于长期疲劳过度，返回

刘少奇于1946年5月22日为中共中央起草的致各中央局、各区党委电手迹。

---

❶ 中共中央文献研究室第二编研部编著：《刘少奇军事画传》，贵州人民出版社2009年版，第290—291页。

延安即病倒。中央决定让他静心疗养，仍由父亲主持中央工作。❶

这期间，形势极其复杂，变幻无常，"抢占东北"仍是最棘手的。在美国的大力支持下，蒋介石动用了最先进的装备，将国民党军队大批运往东北。苏军遵守"中苏协定"，撤军时将城市交予国民党军队。而此时，中共虽立足未稳，却占先机进驻了主要城市。夺得未坐稳的宝座、掌控难保住的政权，谁舍得拱手让出？"七七事变"后八路军前出山西，关于游击战争有一场激烈争论，与其相似，我军又面临胜败攸关的大抉择！可想各种思想行动碰撞之剧。

如此背景下，刘少奇果断地提出"让开大路，占领两厢"，以农村包围城市，放手发动群众，一手抓土改，一手抓生产，一手抓练兵（整训15万野战军、20万地方武装，进行剿匪），广泛建立根据地，党政军企、全面发展。父亲说："大城市退出后，我们在东北与国民党的斗争，除开竭力巩固一切可能的战略要点外，主要当决定于东北人民的动向及我党我军与东北人民的密切联系"。这为以后的辽沈战役胜利奠定了坚实的基础，❷ 已被定为大转折期的历史性贡献。

这段时期，形势变幻莫测，敌我消长难料，喜忧得失参半，进退取舍难计。父亲主持，将与"五大书记"紧排的

---

❶ 中共中央文献研究室编：《刘少奇传（1898—1969）》（上），中央文献出版社2008年版，第488页。

❷ 中共中央文献研究室第二编研部编著：《刘少奇军事画传》，贵州人民出版社2009年版，第282—292页。

彭真、陈云两位中央书记处候补书记，加张闻天、高岗两位政治局委员和大量中央委员、候补委员集聚东北，可见委任之重。对父亲来说，最头疼难定的，恰恰是在这重中之重的内部，是在亲密战友间的无私争议和高明判断中，作出抉择。

1946 年刘少奇在延安。

中共中央东北局内部的争议，甚至吵到投票改选了书记！对秀才们吵不清的问题、自己断不明的官司，刘少奇索性甩给兵，拼枪杆子说硬话，由战场打出个清明来。四平战役之惨剧激烈，即是内因的外在表现结果。毛主席养病初期严格保密，刘少奇不能擅定却又实在难言，只好自揽豪杰众将之怨怼！东北局的会议与新当选的书记迟迟得不到中央书记处批复，可想东北局之紧张，林彪之急切！稍后，密电通报主席休养之事，虽冰释前嫌，却未解当务之急！

调养中的毛主席反复看了文电，多次与各位书记商议，批准了东北局党委意见，完全肯定了父亲的正确领导和得体决策。战场的胜负，实践的检验，铸成了历史："只要我能争取到广大农村及许多中小城市，紧靠着人民，我们就能取得胜利。"❶

这段开始让人懵懂、"文化大革命"初又惹来疑诉（所谓的"支持林彪不够"）的半透明历史，未见有人深透研究。

---

❶ 《刘少奇选集》上卷，人民出版社 1981 年版，第 374 页。

刘少奇和美国作家安娜·路易斯·斯特朗在延安。

但这绝对是一段极其精彩、极为动人的光辉篇章！

彭真调回中央任要职时，我军在东北已发展到三十多万指战员，占据东北大部分领土，圆满完成了中央的各项指示，特别是"抢占东北"的大战略任务！

当时，最令人纠结的是"和"与"战"的问题。十四年抗战胜利，人心思定，人民要和平，如久旱之望云霓，而我们党更是应乎天、顺乎民，力主和平建国。美国国务卿马歇尔出面调停，国民党摆出建立联合政府的样子。我们当然渴望并力推中国进入"和平民主新阶段"。"文化大革命"中，父亲曾两次透露，毛主席甚至一度考虑：将中共中央从延安迁至南京附近的天长（皖东）、六合（南京郊县）……然而，再好的愿望也必须面对现实、脚踏实地。应该说，在中共中央，对蒋介石始终保持相当高警惕的，父亲为其中之一。

这时，给我家庭带了件好事：忙于国共谈判的叶剑英伯伯，几经周折，找到我二哥刘允若。1933年初春两岁多，他被寄养在一工人家，流落上海街头、苏北农村。送回父亲身边的他已15岁，精灵怪乖，骨瘦如柴。

刘少奇主持党中央工作的这八个月，抢先部署下中国

叶剑英

政治版图上强弱胜负的阵势，被形容为"乾坤翻转，日月重(同)光"❶。对父亲个人来说，也是最为繁忙、倍感重压、成就辉煌的高峰期。然而，他依旧为而弗恃、推功于众，甚至功遂身隐，毫不显山露水。至今，几乎每位当事者回忆到这一段，都有令人热血沸腾的精彩故事，而我们却见不到，被公认为彪炳春秋的这位统帅领袖，有任何自诩言辞。

推功于众退身隐，
乾坤翻转抢先机

"不患人之不己知，患其不能也"，作为修养到家的共产党员，原本自然。但因众所周知的原因，刘少奇在群众心目中的印象朦胧缥缈，他说出、做过些什么？他贡献、遗留些什么？今人知之多少？甚至连"刘少奇何以成为中国共产党的第二把手，何以成为中华人民共和国的国家主席，长久以来却是青年人不知，中年人不清，老年人不详的一个讳莫如深的疑问"❷。眼下，我愧为人子，谨俯首轻言点提纲。

---

❶ 父亲叙述，国共谈判破裂后，毛泽东、周恩来谈话中对父亲的评价言辞。未查到准确记载。

❷ 海波：《我们真的认识刘少奇吗》，见王光美、刘源等：《你所不知道的刘少奇》，河南人民出版社2000年版。

盖世奇勋　遍世英雄

　　1946 年 6 月 26 日，父亲不幸而言中：美国通过《军事援蒋法案》，国民党几十万军队，大举围攻鄂豫两省的中原解放区李先念、郑位三、陈少敏部。刘少奇在中央军委负责指挥"中原突围"❶：六万大部队血战，胜利杀出重围。按先念叔叔晚年见我时的说法："你爸爸指挥我们又打了场大恶仗！

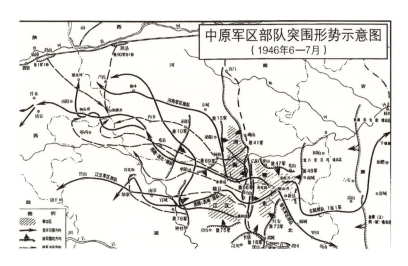

中原军区部队突围形势示意图
（1946年6—7月）

---

❶　中共中央文献研究室第二编研部编著：《刘少奇军事画传》，贵州人民出版社 2009 年版，第 307—314 页。

惊心动魄啊！"

伟大的解放战争，就此拉开序幕！蒋介石接连疯狂下令，向苏皖、山东、晋冀鲁豫、晋察冀、晋绥解放区发起"全面进攻"，全国规模的大内战爆发。

毛主席休养痊愈，全力投入工作。父亲协助，指挥全军，奋起抵抗！

刘少奇总负责地方党政的转移转型和坚决斗争。这次拉锯激战的主要地域在华北，而从"中原突围"始，我军收缩转出的主要地域则在华中。国民党军队气势汹汹、"还乡团"蜂拥卷土重来，内战烽火爆燃，和平期盼归零，父亲严令陕甘宁、华北、华中党政军："不以退却为方针，应以防御为方针"，城市"隐蔽精干"，"准备乡村的进攻"。各级党政顽强坚守，组织机构必须健全，人员精简分散，重操"拿手好戏"，"开展游击战争"，"不作别的打算"。刘少奇特别指示豫、鄂、皖、苏："反对退却逃跑，畏难怕死"，除必须撤离的，尽量留下加强农村和基层，"坚持斗争，保存力量，以待时机"；同时，组织派出一批批干部和部队，分散遣回老区，到敌后去。

这时期，涌现出大批英雄，最伟大的就是女共产党员刘胡兰：碎尸溅血的铡刀前，大义凛然、英气如虹的圣女，让所有人都不得不为之震撼和动容！毛伯伯亲笔赞誉："生的伟大，死的光荣"！父亲激励道："望你们咬紧牙关，坚持斗争，保存力量，在不久的将来……你们将发生伟大的作用！"❶

为贯彻"向南防御"的方针，八路军南下支队（三五九旅主力）及嵩岳军区部队分别撤到以豫鄂边的桐柏县为中心的中原解放区，与新四军第五师会合，组成中原军区。图为中原军区政治委员郑位三。

中原军区司令员李先念。

---

❶ 中共中央文献研究室第二编研部编著：《刘少奇军事画传》，贵州人民出版社 2009 年版，第 318—323 页。

1946 年 11 月
11 日，刘少奇出席
中共中央召开的保卫
陕甘宁边区与延安的
干部动员大会，并
发表讲话。图为刘
少奇前往大会会场。

　　华北抗日之初，东北抢占之时，我党我军都有以退为进的大抉择。这第三次"重返"游击战争，没有异议争论，空前一致同步，显现中共高度的自觉自信。我想，这来自全党全军对毛主席指挥战争的信赖，也来自三次"重返"都由父亲直接主持，大家已熟悉信任。

　　不久之后，所有的预见果然实现——噢？事已先知？历史的进程果然验证——耶！料定如神！

　　1947 年春，蒋介石的"全面进攻"处处碰壁，捉襟见肘，不得不收缩兵力，对陕北和山东集中"重点进攻"。胡宗南等突袭延安。由彭德怀指挥，张宗逊为司令员，习仲勋为政治委员的陕甘宁野战集团军（后改为西北野战兵团）展开英勇的保卫战。毛泽东、周恩来、任弼时组成中央前敌委员会留陕北指挥全国战场；刘少奇、朱德率中央工作委员会到河北平山西柏坡。

所谓的"重点进攻",实际是逼使解放区拼消耗。国民党军虽然损失巨大,但我军民也深陷困境,特别是战争损毁巨大,经济难以为继。

鏖战三个多月,1947 年 7 月,毛泽东深谋大略,转坚守为强攻,挥令三军:刚取得保卫晋冀鲁豫解放区大胜的刘伯承、邓小平,率 12 万大军,力战 20 天"千里跃进大别山",杀回李先念"中原突围"后仍顽强坚守的鄂豫"老区";同时,刚吃掉老蒋王牌军整编七十四师等数万精锐的陈毅、粟裕,率大军跳出内线,博杀荣归新四军"老家"豫皖苏;正与胡宗南和晋军运动取胜的陈赓,率大军拼向外线,速战高歌打回豫西的"中原故乡"。"大军回老家"如鱼得水,党政军民喜泪飞!战略大局立现"品"字形进攻态势,俯瞰南京、雄视武汉,遮断国民党军为南北两大集团。此勇猛"南征",备宏大"北战"!为日后在东北、华北、华中我根据地上的

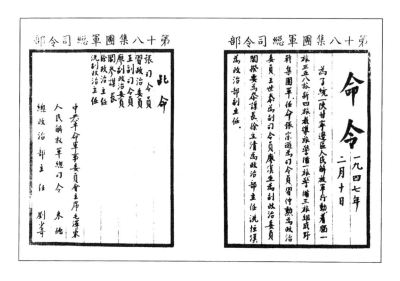

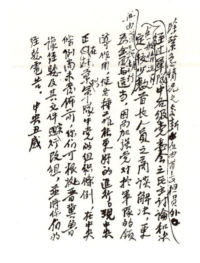

1947 年 2 月 27 日，刘少奇为中共中央起草的关于军队中党的组织形式的指示。指示要求人民解放军要以古田会议决议的原则，组织各级党委会，以加强党对于军队的领导作用。

大决战，摆开阵势格局。

自"中原突围"历时整一年，我军撤出华中，往北收缩，"老区"顽强坚守，没有丝毫败落，反倒愈加牢固。此时，更强势的"大军"回到中原更坚实的"老家"——早已布好子的棋局，满盘皆活：依托以河南为中心的老华中根据地，不仅消解陕北、山东之压，更展开了光耀华夏千秋的大反攻！

中央工作委员会到西柏坡，最先办的一件大事，就是在已组建的野战兵团基础上，"建立统一的强大野战军"。受毛泽东委托，朱德（军委副主席兼总司令）、刘少奇（军委副主席兼总政治部主任）首先从华北开始，炮火连天一年多，统一按序列整编成西北、东北、华北、华东、中原五大野战军，正式建立中国人民解放军。随解放战争进展，后改编成一、二、三、四野战军和华北野战军。这在人民军队——人民解放军建设上的意义，在现代中国军事史上的意义，毋庸赘言。

全国大反攻展开前后，朱德、刘少奇指挥新整编的晋察冀野战军，在华北连续打了青沧战役（6月）、保北战役（6月至7月）、大清河战役（9月）、清风店战役（10月），仗越打越大，所向披靡。1947年11月攻下石家庄，朱德总司令誉其为"夺取大城市之创例"❶。

前面简言，从1936年重返白区"虎穴"到全面抗战时期，刘少奇亲手恢复发展全国各地的党组织，开辟了华北、华中根据地。从"几乎损失百分之百"由北方局向各地派出干部联络恢复，到推起风起云涌的抗日运动遍全国；从"冷冷清清"的华中由中原局操持起家，到蓬勃兴发。在敌占区、"国统区"地下党秘密工作和隐蔽战线，"七七事变"前称之为"白区工作"，后称社会部或城市工作部的工作，❷绝大部分实际是由父亲重建领导的。其主要工作，是组织发展、宣传群众和统战策反等，情报谍战仅占极小部分内容。

长征后，张闻天在中共中央对这方面工作负总责。始自1935年12月委派刘少奇到北方局谈话，继而1936年春批准营救"草岚子"难友，1937年5—6月再与刘少奇共同主持白区工作会议，后又因上海地下党密报反对毛泽东与江青结婚（1938年）❸……尽管在一些政治观点、路线是非上，张闻天与毛泽东、刘少奇有分歧、常争论，但在工作中，仍

---

❶ 中共中央文献研究室第二编研部编著：《刘少奇军事画传》，贵州人民出版社2009年版，第330—342页。

❷ 长时期中共党内仍习惯性称之为"白区工作"。

❸ 历史证明，张闻天是对毛泽东负责，爱护领袖，无愧于党。他曾遭谴责，今人应赞誉。

1955 年 3 月，
刘少奇同张闻天交谈。

予信任支持，不失容忍大度，堪称"开明君主"、从善如流。"文化大革命"，身陷逆境中，狂乱批斗前，张闻天实事求是，勇敢担当，顶天立地，更令人敬佩不已。

　　作为中央常委、军委主席的毛泽东 ❶，一直坐镇延安的中央政治局，领导各方面大政方针，极为关注支持刘少奇。

----

❶　1936 年 12 月 7 日，毛泽东任中央革命军事委员会主席。

在白区工作会议时，肯定刘少奇是"一针见血的医生"，力挺"彻底转变错误的传统"，扭转张闻天的态度，判明是非、砥定全局。

王明回中共中央后，全乱了套路。这方面工作，基本放任中央北方局、长江局等地领导。1938年"决定中国之命运"的六届六中全会，虽然肯定了毛泽东、刘少奇的正确，但会后基本是中央北方局、中原局、东南局、南方局等八仙过海，各显神通。出于各自不同的指导思想，自主兴发的结果，偏正轻重很不均衡，强弱自显不必分说。康生当社会部和情报部部长（负责内保谍报反奸等），畸形偏执，对雨后春笋般发展的敌后地下秘密工作，既无组织隶属权责，更鞭长莫及。1941年"九月会议"前，毛泽东实际上已主持中央，坚持正确路线领导，一以贯之力顶刘少奇。

1936年至1941年，恰逢我党各方面工作百倍发展。突出的、主要的，当属北方局（刘少奇走后杨尚昆、彭德怀任书记）和中原局，可谓"成绩卓著，与项英领导的皖南形成了鲜明对照的两种局面"。"皖南事变"前后，山东分局、东南局划归中原局，又合并为华中局，辖区内八路军、新四军主力20万人，整个华东地域，包括青岛、济南、烟台、上海、南京、杭州、合肥、南昌、九江、福州、厦门等大城市地下组织一体统归，在老中原局管辖的鄂、豫、皖、苏基础上，江苏省委书记刘晓在华中局主管城市工作。陈云在1941年"九月会议"上感叹："过去十年白区工作中的主观主义，在刘少奇、刘晓同志到白区工作才开始改变"。同期，毛泽东称赞：刘少奇同志是我党在国民党区域工作中"正确的领袖人物"。这话既指"白区工作十年"期间父亲的正确作为，更由抗日战争时期成功的领导实践所验证。

周恩来代表中共中央，1936年西安"双十二事变"后，与国民党谈判，全力促成国共合作抗日；1937年"七七事变"后，在华北协调阎锡山、卫立煌等，与刘少奇、朱德共同为八路军进入华北开展游击战争；"十二月会议"后的1938年，在武汉与王明、博古、项英组建江南新四军；六届六中全会后的1939年初，兼南方局书记到重庆。这年8月，在延安受伤后赴苏联医治臂伤，1940年3月回国，再到重庆三年多。世所公认：搞苏联英美的明外交，无人能再杰出更光彩；做蒋汪日伪的暗谍报，无人能出其右更稳妥。与国民党的协调合作，尽力斡旋，殚精竭虑，神通周全；同时领导南方局，日夜操劳，全力以赴，坚毅非凡。但受王明掣肘，武装斗争和城市工作扩展艰难缓慢，势单力薄。重庆与南方局辖区外的全国"地下隐蔽斗争"既少组织关系，更难联络通畅。❶

1943年8月周恩来再回延安时，他感慨道："我这三年（1940—1943年——笔者注）在外……我们党内的进步，却特别的多，特别的大，我们在外边也看得格外分明。""这三年做了比过去二十年还要伟大、还有更多成就的工作。"❷

1943年初，父亲回延安后，已经没有"白区"的"白区正确路线"，由历史的盛衰兴亡验证，得到公认。敌后的城市工作，地下党的发展与革命，包括统战工作归中央组织委

---

❶ 南方局辖区外，上海因英美等国享有领事权，太平洋战争前，日本统治留些脸面，相对宽松些，地下党与重庆有特殊的工作与领导关系。

❷ 《周恩来选集》上卷，人民出版社1980年版，第133、137页。

员会领导，自然由刘少奇主持负责。1944 年成立中央城市工作部，彭真任部长。1945 年 10 月彭急赴东北局后，刘兼管，因"国共合作""和平建国"，人与事基本在地方党委。1946 年 6 月解放战争开打，恢复活跃。1947 年 5 月周恩来任部长，因与毛泽东留陕北指挥战场，直到西柏坡时主持部务半年多，又逢解放区飞速扩展，主要负责将城市工作合并于各地党委和军政管委会。1948 年底，城工部合并为统战部。

对这长达十余年时期党的地下工作领导，现在社会上普遍有善意的误解，而且还是因"文化大革命"才出现的误区：在"党内生活极不正常时期"，为了巧避株连、被迫攀附保护，将错就错，随遇而安。至今，史界民间想当然误会误传，张冠李戴，知情老人少言回避，后世友好讳莫如深。❶我也一直懒得置喙，久而久之，习以为常。但历史的是非及《关于若干历史问题的决议》摆在那里，"白区正确路线的代表"何来何去？却怎么也说不通、绕不过、掩不住，难圆其说。毁誉同当的历史公理也摆在那里，同一事实作为，挨骂打倒于此、夸赞推崇于彼，不违公正？党史上许多谜团，特别是"文化大革命"中一些著名的冤假错案，就源于此。如"伍豪启事假案""潘汉年冤案""周小舟、吕振羽错案"，以至这些年赚得很多泪水的"关露情案"，解题的钥匙正在于此。我辗转反侧，常自责反思：难道讳言一个时期的机智误导，却要虚无永久历史的真实原貌？

---

❶ 参见［英］迪克·威尔逊：《周恩来传》，封长虹译，国际文化出版公司 2011 年版。

不论愿望多么美好、初衷多么善良，终归必须澄清史实，愈是深知就里，愈应公正以待。求真务实、公允提出问题，直言正史、严肃举证评说。我想，公开史、明探讨，定会赢得信赖，光辉史、新发掘，为党增辉添彩！请专家探究，导后人真知。

抗日战争后期和解放战争时期，刘少奇总负责，彭真（中央城市工作部部长）、刘晓（1944年由华中调回中央城工部任副部长）、李维汉（1946年底任城工部副部长、1948年底合并统战部任部长）、刘仁（晋察冀中央局、后华北局城工部部长）等领导，城市工作委员会和城市工作部的工作大大加强，空前发展，其天翻地覆的巨变，绝不逊色于农村武装斗争。

在国民党统治区，"老白区"带领无数新党员，"革命党"发动人民闹翻身，"地下党"瓦解统治掀翻天。公开工作，发动民众："反内战反饥饿"，"反专制反腐败"，建立统一战线，风起云涌得心应手。隐蔽战线，英勇无比：打入军政内部，渗透上下中枢，举行大小起义，翻江倒海精彩绝伦。

这方面，过去披露少、资料缺、研究难，不见全面翔实的评价。我想，似乎与刘少奇等"老白区"只做不说的低调作风，不无关系。近年，翻出很多大故事小回忆，文艺创作还真是吸引眼球。而真实发生的历史事实和感人情节，远比作家编导的创作更惊险离奇。显然，这已完全融于战争的辉煌胜利之中，含在革命的巨大牺牲之内，成为摧垮"蒋家王朝"总体战中须臾不离、或缺不可的另一大战场！相信日后，研究只会愈多，评价定会愈高。

简言之，在西柏坡父亲还做了许多大事，仅举三件提几句。

第一件：召开全国土地会议，大力推动解放区的土地改革。早在一年前的 1946 年春，父亲就主持向全国发出"五四指示"，逐步开展土地改革。这次会议，拿出《中国土地法大纲》，部署全面展开。这场"耕者有其田"的大革命，为赢得解放战争的胜利夯实根基，世所公认：土改瓦解了百万蒋军，中共得到百万浴血奋战的战士、得到千万英勇支前的民工、更得到了亿万人心！这场空前彻底的改天换地，已被大书特书、浓墨重彩载入史册。

第二件：先召开中央兵工交通会议，统一领导，实行企业制，重组合并，互相调剂，提高生产，立见大批武器弹药源源不断地供应，被千百万支前民工输送前线。继而，着手统一财经，❶ 果断合并晋察冀、晋冀鲁豫两大中央局，成立中共中央华北局和华北人民政府，统一华北党政军群机构，为建立新中国做组织机构准备。为此，刘少奇兼华北局第一书记，薄一波为第二书记，聂荣臻为第三书记，董必武为政府主席。开天辟地，中国组建人民当家作主的国家，与人民军队和国防的关系无比重大！

第三件：面临着土改分地和建国执政的大任务，预见到百万雄师的大决战和即将接管全中国的大趋势，中国共产党开展了空前规模的反腐败、倡民主教育整顿。从禁止"一个

奠定根基打天下，
土地改革耀中华

❶ 中共中央文献研究室编：《刘少奇传（1898—1969）》（上），中央文献出版社 2008 年版，第 551—555 页。

村长，一个县委书记，可以称王称霸"❶、村民"投豆选举"，到各级干部必须舍己为民，决心"给老百姓当长工、当牛马"❷；从军队的大"诉苦翻身"热潮，到中共力戒国民党"劫收"恶行、镜鉴李自成教训。置身于"天翻地覆慨而慷"前夜，刘少奇多次长篇讲话，大声疾呼警示："历代的革命者，一到他们进行的事业得到胜利和成功以后，少有不腐化、不堕落的。他们失去了原有的革命性，成为革命进一步发展的障碍物。"❸"很多人担心，我们未得天下时艰苦奋斗，得天下后可能同国民党一样腐化……胜利后，一定有些人腐化、官僚化……""我们党必须和广大群众保持密切的联系，如

1947 年 7 月 17 日至 9 月 13 日，中共中央工委在河北省平山县西柏坡村召开全国土地会议。在刘少奇主持下，这次会议制定了《中国土地法大纲》，部署了解放区的土改运动，并决定结合土改普遍整顿党的组织。图为刘少奇在土地会议上作报告。

❶《刘少奇选集》上卷，人民出版社 1981 年版，第 413 页。
❷《刘少奇选集》上卷，人民出版社 1981 年版，第 390 页。
❸《刘少奇选集》上卷，人民出版社 1981 年版，第 102 页。

果和群众联系不好，就要发生危险……党什么也不怕，就怕这一项……我们就是怕脱离群众"！❶

这时期的大事，无论单挑出哪一件，都足够写下长篇巨著。

我实在想不出，该如何定位这段特殊的历史。在战争的危急险难之际，中共创造出极其高明、极其特别的体制：集体领导，合理合法、共济互补！最高最终决策在陕北；大部分工作任务和独立决策在河北！一个中央、两边独立运行；各自决策，互通要情急务；严格集中、高度民主自觉；支撑共举，遍世英雄辈出！

10 月 10 日，中共中央正式公布《中国土地法大纲》。

这也成为中国共产党中央领导集体最为团结、自信有为，最为辉煌、生机勃勃的第一个时期。或许，正因为这次伟大的成功和辉煌的成就，致使新中国成立后的毛泽东，"文化大革命"后的邓小平、陈云，多次提出党中央领导层设一、二线？这仅为我提出的参考题，请专家学者深入研究。

---

❶ 1947 年、1948 年刘少奇多次长篇讲话。见《刘少奇选集》上卷，人民出版社 1981 年版，第 413、397 页。

横扫千军　人民天下

1948 年春，毛泽东、周恩来、任弼时到达西柏坡，与分离一年的朱德、刘少奇会合。"五大书记"领袖，金戈铁马、气吞万里如虎，指挥赢得了三大战役。对此，人们了然于胸。

我仅提请回顾，三大战役都是围点打援，战场都由解放区为依托和支撑：在东北的辽沈战役，实力是怎么抢得铸就的？在华北的平津战役，基础又是什么？傅作义的政令出不了海淀，被逼到何等地步，北平才能和平解放？在华中的淮海战役，两大野战军，逐鹿中原，陈毅说胜利是人民群众用小车推出来的。正是我党我军在东北、华北、华中稳稳占住，建立广泛稳固的群众基础，方能纵横捭阖、势若摧枯拉朽，打倒蒋介石，解放全中国。而刘少奇，曾在顺直、满洲、上海临时中央、中央苏区、长征、北方局、中原局、华中局，抢占东北、"向北推进"的战略大调整、三次"重返"游击战争、西柏坡中央工作委员会、中共中央华北局，正是第一线的直接指挥者。三大战役，在东北、华北、华中连环重叠开打。刘少奇，是当之无愧的奠基者、实干家、战略家。

淮海战役后，对"60 万共军吃掉 80 万蒋军"❶，斯大林数次惊叹"实在了不起！"但他一直不解，询问手下傲视全球的苏军将帅，无人能解答。1949 年夏刘少奇秘密访问苏联时，礼回所问，先略述解放区的布局，又简介了"围城打援"的筹划，再概括了制胜因素。斯大林频频点头赞许，❷伏罗希洛夫、朱可夫等元帅们连连举杯高呼"乌拉——！"我想，"老大哥"赞叹欢呼的，是天才的指挥和军队的善战，更是父亲话语中的精髓：这最大规模、最为经典的正规运动战背后的制胜真谛——人民的战争！

从 1946 年"中原突围"解放战争爆发，直到"百万雄师过大江"后三年里，在华北、东北，特别在华中大地上，养育出几百万人民解放军，消灭掉几百万国民党大军，支撑人民解放史上空前规模的战争，出动亿万民工，救治百万伤病，优抚烈属伤残，供给军需钱粮，动员补兵入伍，遣返消化俘虏……尤其在屡遭"水旱蝗汤"劫难的河南，在饱受日伪欺凌蹂躏的山东，沉重的养兵负担、巨大的战争灾难，任何人都不难想象。

历史往往聚焦辉煌的战绩军功，但也没忘记代价和牺牲，每每改朝换代，中原战乱，民不聊生，饿殍遍野，赤地千里。实在令人惊诧，中国史上空前宏大的战争中，却罕见

---

❶ 斯大林原话。

❷ 父亲叙述，这之前他重点通报建立新中国的设想，以及新民主主义革命和社会性质等大问题。斯大林在宴会上极其罕见讲了很动情的话，为中共"青出于蓝胜于蓝"举杯夸赞。

兵荒马乱、兵灾难民的史记实录。在中共各级报告的文献里，可见叫苦喊难、战场损毁的报告，但没有推卸责任、上交问题的，反倒多有主动提供帮助、争抢最艰巨任务的。居然，老区还实实在在支援救济了无数新解放的城市乡村！真会没有问题？我想，只能说明：人民群众的全力以赴支持拥护，地方党政的根深蒂固务实高效，人民军队的纪律严明拥政爱民。这最生动描绘出、最深刻解答了：什么是真正的人民战争！

商鞅曰："以战去战，虽战可也；以杀去杀，虽杀可也……凡战者，民之所恶也，能使民乐战者王"❶！这才是最大问题的根本！这才是制胜的真谛法宝！这才是最应获得历史青睐的！

回到三大战役前，毛泽东委托刘少奇，主持研究思考并着手新中国的建立和建设。❷

济南战役（淮海前战）和锦州战役（辽沈前战）疾进接火，决杀在即。1948 年 9 月 8 日，中共中央七名政治局委员和各方大员等中央委员、候补委员，开了非常重要的政治局会议，史称 1948 年"九月会议"。毛泽东报告提出："军队向前进，生产长一寸，加强纪律性……由游击战争过渡到正规战争，建军五百万，歼敌正规军五百个旅"，"五年左右（从 1946 年算起）根本上打倒国民党"。刘少奇主持会议说：

新民主主义经济，
新民主主义国家

---

❶ 《商君书·画策》。

❷ 1948 年 8 月 21 日与王光美结婚。见《王光美访谈录》，中央文献出版社 2006 年版；《风雨无悔——对话王光美》，人民文学出版社 2015 年版。因几乎众所周知，不打断文意叙述了。

"要准备大的会战"，一役"消灭两三个兵团"，"锦州、济南会战，如果他们（国民党军）的援兵来，那是对我们有利的……这种思想要在主要将领中大大宣传，解释清楚，这就是围城打援。"并且，将"打倒国民党，统一全中国"正式摆上全党的议事日程。❶之后的辽沈战役、淮海战役，确如料想和庙算展开，我百万大军决战完胜！

会议中，父亲先讲了新民主主义建设中发展合作社❷经济的问题。最后一天，他又作了长篇讲话，系统阐述新民主主义经济包含五种经济成分，社会经济的"基本矛盾"就是"资本主义与社会主义的矛盾"；"斗争的方式是经济竞争……是长期的……和平的竞争，这里就有个'谁战胜谁'的问题"；决定胜负的"是小生产者的向背"，对其"必须采取最谨慎的政策"，要靠办好合作经济"使他们成为小康之家"。这为建立新中国明确了最根本的问题。与会者听后顿感耳目一新、精神振奋，毛主席带头鼓掌盛赞，并让父亲组织起草文件，准备中央七届二中全会时用。❸

会后，中共中央主要领导反复讨论，9月30日，在东北没能参会的张闻天也给中央报来《东北经济方针的提纲》。集体的智慧与刘少奇的思考相辅相成，构成了半年之后《共同纲领》的主体灵魂和基础，成为新中国的第一部代宪法，

---

❶ 中共中央文献研究室第二编研部编著：《刘少奇军事画传》，贵州人民出版社 2009 年版，第 351—352 页。

❷ 最早的合作社也创造发端于安源。

❸ 中共中央文献研究室编：《刘少奇传（1898—1969）》（下），中央文献出版社 2008 年版，第 560—563 页。

一、战争快要结束，一部分地区已完结。没收官僚资本和改革土地制度……今后的中心问题……

二、城市问题对我们来说是一个新的问题，我们还没有……准备。我们的干部有些不善管理经济工作，特别不会管理。关于城市经济的……材料，我们也还没有。

三、中国是一个贫穷的、发展又不平衡的大国。中国东南沿海的经济比满洲要繁荣得多。但在改变土地制度、没收官僚资本、取消帝国主义在中国的经济特权以后，中国的经济将会很快地恢复和发展。……在共产党领导之下的中国，应该怎样和采取什么路径去发展中国的经济呢？

218

在党的七届二中全会前后，刘少奇就已经在为新中国的经济建设进行理论上的探索，曾经写了许多篇文稿。《关于新中国的经济建设方针》文稿，写于1949年上半年。这篇文章，系统地阐述了新中国的经济建设方针。

毛泽东则称之为"中国的人民大宪章"。至今，我们仍在坚持"多种所有制经济共同发展、多种分配方式并存的基本经济制度"，仍在"和平竞争"，仍在为实现"全面小康"的目标而奋斗。

1949年3月5—13日召开七届二中全会，提出建设新中国的一系列基本政策（包括经济和社会制度）。毛泽东号召：谦虚谨慎，戒骄戒躁，"克服困难，夺取全国胜利"。这次全会对中国共产党建立新中国极具指导意义。刘少奇在这次会上发言《关于城市工作的几个问题》：号召"大家应努力学习解决"城市管理问题，"接收得好，还要管理得好，还要改造。"最后，他代表中央提出："大量地搞"人民代表会议制度。❶ 至今，这仍为我国的根本政治制度。

会后十天的3月23日，中共中央赶赴北京。至今，我党仍接续行进在毛泽东提出的"赶考"路上。

4月20日夜，中国人民解放军第二、第三野战军在长达千里的战线上——全线出击，强渡长江。

---

❶ 《刘少奇选集》上卷，人民出版社1981年版，第420、425页。——刘少奇在会上首次提出，毛泽东说"全部意见我都同意"。见中共中央文献研究室编：《刘少奇传（1898—1969）》（下），中央文献出版社2008年版，第571页。

1949 年 3 月 5 日至 13 日，中国共产党在西柏坡举行七届二中全会。刘少奇在会上作关于城市工作的重要发言。图为刘少奇在七届二中全会上。

刘少奇在西苑机场检阅人民解放军。

　　4 月 23 日，第三野战军解放南京，国民党反动统治宣告灭亡！5 月 3 日，解放杭州；5 月 27 日，解放上海——猛虎扑食，吞尽东南。

进入北平时的
刘少奇。

恢复经济定基础，
接管城市利民生

4月24日，华北野战部队解放太原。5月20日，第一野战军（西北野战军和华北野战军第十八、十九兵团）解放西安；8月26日解放兰州；11月6日，和平解放迪化（今乌鲁木齐），第一兵团隆重入城——长途远征，解放大西北。

5月16、17日，第四野战军解放武汉，一路攻击直下长沙（和平解放）、广东、广西、海南岛——势如破竹，劲扫华南。

5月22日，第二野战军解放南昌，挺进广东、广西、云南（和平解放）、贵州、四川；贺龙率第一野战军第十八兵团从西北入川——铁流奔涌，荡涤大西南。

人民的战争，人民的军队，打下人民的天下！

"横扫千军如卷席"，毛泽东是当然的统帅。按分工，有些大事由刘少奇总负责，例如全国的军事管制，军地干部的大调动等。大军风卷残云，如何镇住站稳，为成败之首要。

此时，父亲依然是作而弗始巨细落实，泰而不骄从容应对，威而不猛周密摆布。

"海畔云山拥蓟城（北京）"，"天下英雄谁敌手"！

卫我国防　倾世之力

　　中华人民共和国成立后，父亲逐渐将工作重心放在党的建设、政权建设、经济建设、思想建设上。我认为，他也是有意在军队建设方面疏离了一些。抗美援朝时，毛泽东先后委托林彪、周恩来、彭德怀主持中央军委日常事务，但许多工作仍由刘少奇主持。例如，组建和装备中国的防空兵、

毛泽东主席（前左二）、刘少奇副主席（前左一）等在天安门城楼检阅台上。

林谭刘邓董岩陈赓：

（一）两广战役即将结束，陈赓所部应体息约同时，徐进兵云南问题。故云南休息地点望林谭指定，至应给以充足的营养，以便恢复体力。

（二）陈赓部由广西进军云南的道路及沿途补给，望刘邓提出意见。据说百色地区瘴气甚多，饮水恶劣，不宜行军。果如此，则以往贵州进入云南为宜。望陈赓及林谭即进行侦察至将情况及意见报告军委和刘邓，以便早作决定。

军委十二月八日

刘少奇于 1949 年 12 月 8 日致林彪、谭政等电手迹。

中央人民政府任命通知书 府字第 号

兹经中央人民政府委员会

第三次会议通过任命刘少奇为

中央人民政府人民革命军事委员

会副主席

特此通知

主席 毛泽东

一九四九年十月十九日

中央人民政府任命刘少奇为人民革命军事委员会副主席的通知书。

刘邓：十二月十三日申电悉。

你们对于云南事件的分析及处理办法是正确的。用你们前线将领名义批准云南临时军政委员会及任命各将领与中央政府组织法布告无冲突。目前我军既无法进入云南，一切均好让卢汉自行处理，以免引起麻烦。

军委十二月十五日

刘少奇于 1949 年 12 月 15 日致刘伯承、邓小平电手迹。

空军、海军，❶是刘少奇在新中国成立前的 1949 年 6 月至 8 月，赴莫斯科直接向斯大林提出，并当场得到满意答复。❷

1954 年 9 月下旬，中央军委不设置副主席，刘少奇、周恩来就没有再任中央军委职务。从 1943 年 3 月起，父亲担任中央军委副主席，共十一年半❸，并主持过军委工作。在他任职期间，是人民军队发展壮大、革命战争胜利进程和国防建设突飞猛进、成效最为卓著的时期，也是中国现代军事和军队在世界上崭露头角、为世界所公认的最重要时期。

1950 年 6 月，刘少奇在中南海参观兵器展览。

---

❶ 中共中央文献研究室第二编研部编著：《刘少奇军事画传》，贵州人民出版社 2009 年版，第 361—372 页。

❷ 中共中央文献研究室编：《刘少奇年谱（1898—1969）》下卷，中央文献出版社 1996 年版，第 219—221 页。

❸ 1943 年 3 月，刘少奇任中国共产党中央革命军事委员会副主席。新中国成立后，1949 年 10 月至 1954 年 9 月，刘少奇任中华人民共和国中央人民政府人民革命军事委员会副主席。

1952 年 8 月，刘少奇同罗瑞卿（右一）及空军某部空勤人员合影。

　　早在 1950 年，朱德总司令提出军队正规化，准备授军衔。经过长期细致酝酿，基本设计套用苏联的军衔体制，拟订的方案和名单反复上下。1955 年 2 月 8 日，刘少奇委员长主持全国人大常委会通过《中国人民解放军军官服役条例》。按斯大林例，原拟毛泽东为大元帅。毛伯伯坚辞不受：我这个大元帅就不要了，让我穿上大元帅的制服多不舒服呀！到群众中去讲话多不方便呀！依我看哪，现在在地方工作的同志都不评军衔为好。毛泽东对刘少奇说：你也在部队搞过，你也应该评元帅。父亲说：不要评了，我现在不在军队工作了。毛泽东又问周恩来和邓小平（时任国务院副总理、军委委员）：你们的元帅衔要不要啊？周伯伯说：不要评了。小平叔叔说：当什么元帅哟，早不带兵了。❶

　　这之后，毛泽东讲到自己被迫打仗，在战争中学习战

---

❶　参见中共中央文献研究室编：《毛泽东年谱（1949—1976）》第二卷，中央文献出版社 2013 年版，第 433 页。

1955 年 9 月 27 日，刘少奇参加中华人民共和国主席授衔授勋典礼。

1955 年 9 月 27 日，刘少奇主持授予朱德等十大元帅军衔和勋章的庆功宴。图为刘少奇向朱德敬酒祝贺。

争。又说："我们的许多领导人，如刘少奇、周恩来、邓小平和其他许多元帅、将军，起初都不会打仗，是在战争中学习起来的。"❶

---

❶ 《建国以来毛泽东军事文稿》下卷，军事科学出版社 2009 年版，第 201 页。

1956 年 2 月，刘少奇同科学家钱学森交谈。

在中国革命中，在中国共产党内，未授军衔、没记军功的孙武孔明，岂止数位？未载战绩、没佩勋章的魏武仲达，不下百计！未得留名、没见功成的风流才俊，数逾千万！

不担任中央军委职务后，在军队的领导和管理上，父亲不具体过问。但当军队需要，比如说军队思想政治工作、干部教育、军队党建发展等，他总是认真尽力，一丝不苟。对国防建设、军事战略以及战争问题，刘少奇的关注从无丝毫放松，决策和工作从无怠懈。"刘少奇全程参与了中印边境自卫反击战的指导，在重大决策中作出极为重要的贡献，是战争的主要决策者和指导者之一。"●

关于"两弹一星"，是刘少奇向毛泽东建议，单靠部长

人民武装保和平，国防军事永在心

● 参见曲爱国（军事科学院副院长）：《关于刘少奇指导援越行动和对印作战的情况介绍》，2018 年。

1958 年 8 月 1
日，刘少奇与朱德、
彭德怀、邓小平、
叶剑英、林伯渠等
与国防科学展览组
的同志合影。

1964 年 5 月
31 日，刘少奇同董
必武、朱德、周恩
来、邓小平等接见
国防部第 5 研究院
党代表大会的代表。

毛泽东看望刘少奇一家。

或副总理都抓不上去，并主持政治局会议决定建立专门的机构，由周恩来总理亲自管。1964年中国的原子弹爆炸成功；1966年中国的中程导弹发射成功；1967年中国的氢弹爆炸成功；1970年中国的卫星实验成功——连续震惊世界！

加一句：我的大哥和二哥从苏联留学归来，一个到偏远艰苦的内蒙古，献身原子弹、氢弹的研制；一个穿上军装，投身导弹、卫星火箭的研究操作。早年时期，父亲为革命战争，被迫诀别爱妻，舍弃儿女；晚年时期，父亲为建设国防，贡献出自己的两个爱子，了却心愿——父"卫黄"，儿"保华"！❶

有些更大的事务，在中共中央一直是由父亲总负责，至

"两弹一星"国大业，子承父志献终身

---

❶ 大哥刘允斌（保华）和二哥刘允若均在"文化大革命"中被迫害致死。

1964 年，刘源第一次当兵锻炼时与李勇（右，李富春外孙）的合影。

1964 年 10 月 16 日，中国第一颗原子弹爆炸试验成功。

今鲜为人知。仅举援助越南、抗法抗美大事。

1949 年 12 月，毛泽东赴苏联访问，刘少奇再次代理主席。不久，周恩来（政务院总理兼外交部长）也随去莫斯科谈判。忽闻广西边防急报，越南民主共和国主席胡志明来访。刘少奇和朱德意外惊喜，下令以最高规格，"热情接待，周密护送来京"。

胡志明（原名阮爱国），越南劳动党的创始人，后成为震撼世界的伟人。越南原为法属殖民地。胡留学法国，1920年加入法共，后到苏联。1925年被共产国际派往中国，到广州参加大革命。在毛泽东为主任的农民运动讲习所旁听，刘少奇讲授中国工人运动；在黄埔军校旁听，认识周恩来、陈赓等。所以，胡一直称毛、刘、周为老师，❶尽管胡的年龄比他们都大一些。

1930年，胡志明在香港成立越南共产党（后改名印度支那共产党）。当时，法国在越南统治极其严酷，中国相对宽松些。胡与其说为越南革命，更多是为中国革命作贡献，在香港被捕、押返越南。

胡志明主席到刘少奇家做客。

---

❶ 1967年春夏，刘少奇与王光美、刘平平、刘亭亭、刘小小和我大段讲到越南和胡志明的故事。

1950 年 7 月，刘少奇为中越关系问题给毛泽东、周恩来、朱德、薄一波、李维汉的一封信（"越南代表陈春风"即黄文欢）。

1941 年，日本打跑法国，侵占越南。胡志明在中越边境的高平组建越南独立同盟并任主席，高举抗日旗帜。1942 年，胡在中国又被捕，曾坐过广西 18 所监狱，经周恩来在重庆全力营救，1943 年获释，往来于中越边境山野城乡斗争，艰苦卓绝。

1945 年日本投降，胡志明领导举行"八月革命"，9 月 2 日在河内 50 万人集会上，宣布成立越南民主共和国，后任国家主席兼总理。此时，"法国佬"又回来，1949 年，从香港迎回日本人扶植、随日本投降而流亡的越南保大皇帝，统治南越，攻占城乡，绞杀共产党，将越共打压在与中国接壤的边境区域。1951 年，印度支那共产党改称越南劳动党。

新中国成立的消息传到越南，胡志明立即派两位特使持亲笔信来北京。1949 年 12 月 28 日，父亲起草中共中央致胡志明电，同意两国建立外交关系。两次与军委办公厅主任罗贵波面谈，派他赴越南当中共联络代表，持刘的亲笔信出发，明确答复越南请求的：装备三个师，援助1000万美元。此时，胡志明已请长假，"赤足步行"亲来中国，在崎岖山间走了17天，见到边界上的解放军战士，高兴得又抱又亲。小兵们听说这位老爹是越南主席，不敢相信，马上速报。❶

1950年1月30日，隆重欢迎胡志明主席，刘少奇、朱德见老战友，其情其景其兴奋，可想而知。胡讲述了越南状况，提出援助要求。刘、朱当场盛赞胡，对援助要求"给以满意的答复"。2月3日，送胡志明访苏，去见斯大林、毛泽东、周恩来。

自此，父亲一直总负责援助越南。可以说，"毛泽东是最终决策者，而刘少奇则是最高决策者和最高组织者，代表中共中央帮助越共中央进行战争指导"❷。

父亲与韦国清面谈，委派其任援越军事顾问团团长。韦是红一方面军、新四军老人，时任解放军第十兵团政委，广西壮族，懂些越语，认识胡志明。之后，开始大规模、"全方位""毫无保留"地援助。刘给胡的信笺电报不下百件，以至军队怎么编，物资怎么运，根据地怎么建，边贸与援助怎么区分，群众生产生活怎么抓等，包罗万象，全面周到。❸

这里，简介一位越南国际主义战士洪水（1908—1956），

---

❶ 中共中央文献研究室编：《刘少奇年谱（1898—1969）》下卷，中央文献出版社1996年版，第239、241页。

❷ 参见曲爱国（军事科学院副院长）：《关于刘少奇指导援越行动和对印作战的情况介绍》，2018年。

❸ 中共中央文献研究室编：《刘少奇年谱（1898—1969）》下卷，中央文献出版社1996年版，第241—247页。

原名武元博。1923 年在法国认识胡志明，1925 年同黄文欢等参加中国的大革命，加入胡志明"九兄弟"共产主义小组。1926 年入黄埔军校第四期，与林彪同学。1927 年转为共产党，投身广州起义，后转移泰国、香港从事革命活动。1929 年回广东参加红军，1930 年入闽西，1931 年到中央苏区红军学校。长征中，洪水认识刘少奇，随学校与朱德、刘伯承到四方面军，多次过雪山、草地。到陕北在红军大学、抗大学习，后调一一五师在晋东北抗日。从红军到抗战时期，因拥护正确主张，他三次被"开除党籍"，但却很得信用。1943 年胡志明在广西被营救出来后，提出希望洪水回越南抗日。1945 年旁听中共七大会议，洪水到重庆谈判，启程返越。越南"八月革命"成功，胡志明派他任越南南方抗战委员会主席，改名阮山，在南越任多部游击司令兼政委。1950 年胡志明到北京时，父亲和朱爹爹都问起洪水，胡伯伯调他回中国，联络中共和军队。❶

首先，就是要打通接壤的边界。父亲亲手修改作战方案：不仅打通广西，还加上云南。1950 年 5 月 23 日，刘少奇电示原武汉工人纠察队队长、时任云南省政府主席、军区司令、军管会主任陈赓，"望用心协助他们，使他们在老街战役中获胜。目前部队整训和装备，将来作战指挥及后方勤务等，陈赓同志均有亲自前去协助之必要"❷。

1950 年 6 月 25 日，朝鲜战争大打出手，北军一路攻下

---

❶ 参见陈寒枫、阮清霞：《我们的父亲洪水—阮山——中越两国将军》，中国书籍出版社 2016 年版。

❷ 中共中央文献研究室编：《刘少奇年谱（1898—1969）》下卷，中央文献出版社 1996 年版，第 252 页。

汉城，压向釜山。中国南疆凸显，斥候❶殖民帝国、御敌国门之外。7月，"边界战役"初定，中国向越南提供6个师的装备弹药全部到位，并帮助人民军换装训练。刘少奇委任胡志明在黄埔军校时期的老熟人陈赓，为中国共产党全权代表，入越南帮助。❷此时，陈赓、韦国清见洪水，老友相聚，喜形于色，豪气冲天。

9月至10月，打了大胜仗，消灭法军8000多人，解放5市13县750公里边境。此大胜，中国的支持最关键：毛泽东亲自就战役发出指导电，陈赓亲自上阵帮助。而刘少奇更是功不可没。

几乎同时，美国大举出兵朝鲜，战局逆转，百废待兴的新中国毅然决定，抗美援朝开战。法国既恐慌又蛮横，麇集各路兵马决战，以图在越南配合朝鲜的美军，南北夹击我国。1951年3月，陈赓奉调任志愿军副司令组建第三兵团入朝鲜，韦国清负责军事援越指挥作战。

稍前些于1950年春，制订修改"边界战役"的方案和决策时，父亲敏锐地察觉到越南西北高原的战略地位，若占领后我将与北越连片，滇越铁路疏通，援助力度大增，兵锋利指平原。听取韦国清汇报后，1951年9月，刘少奇当面向秘密访华的胡志明提出"西北战役"重大战略建议。胡惊喜瞠目，泪流不觉……刘即派罗贵波兼军事顾问团工作，❸

---

❶ 古代军语。对斥、巡逻、警戒、打压、驱离等，多属非战争军事行动。如斥候骑兵等。

❷ 中共中央文献研究室编：《刘少奇年谱（1898—1969）》下卷，中央文献出版社1996年版，第245、247、252、255—257、265、266页。

❸ 《中国军事顾问团援越抗法实录（当事人的回忆）》，中共党史出版社2002年版，第60页。

韦国清全力帮助越南建立正规军。

1952 年，父亲指示罗贵波，提请越南党："注意解放老挝。这将在战略上有价值，目前又是敌人力量最薄弱的地方"❶。胡志明赞同一致。这一"西北战略"，浓缩为刘少奇的一句话："帮助老挝解放，甚为重要"❷！

此时，中国人民志愿军，全换苏式装备，在朝鲜的陈赓联署彭德怀请示军委：缴获大批美军装备如何处理？刘少奇商毛泽东、周恩来、朱德后，将绝大部分赠予越军。韦国清在中越边界，抓紧整编、训练越南正规军几个师。迅速运交的美军武器，将整训部队换装一新。

1953 年冬至 1954 年春，发动旱季攻势，越南新建的正规军，全部上阵接受实战考核。韦国清也将我全套教官转为顾问团，遂行考评。

骄傲的法军经过"边界战役"已不敢轻敌，部署攻防决战，但没料到全套美式装备的"土越共"如此厉害！更怎么也想不到，我声东击西，横扫越南西北高原和老挝！法军一触即溃，部署乱套，军心慌恐，被压制在越老边境的奠边府地区。"西北战役"完胜，夺得主动权。❸ 大战略态势已成定局：强军穿插河内以南平原，截断通连南越的蜂腰，整个北越已揽入我怀中。

任何战争都充满意外，仗打得挺漂亮，但还是出了我

---

❶ 《越南密战——1950—1954 中国援越战争纪实》，四川人民出版社、华夏出版社 2015 年版，第 193 页。

❷ 《中国军事顾问团援越抗法实录》，中共党史出版社 2002 年版，第 56 页。

❸ 参见张元：《刘少奇与援越抗法》，军事科学院，2017 年。

顾问团遂行作战计划之外的重大事件：考核下，越军过于亢奋，战事过于顺利，追击过于生猛，山林过于迷乱，一不留神、没能勒住过了梭，直冲万象，立见老挝爱国阵线（依沙拉）苏发努冯亲王打出镰刀斧头旗。顺带打出个全天候兄弟国家——老挝！这就是战争，不用讲的硬道理！

几乎无缝连接一鼓作气，❶1954 年 5 月 7 日，刚被我训练合成步、炮、工、通、装的越南正规军，大胜于奠边府。法军 16000 多人被歼，俘虏将军和士兵 10000 多人，西方大受震动，战役还未结束，法军就已开始撤出河内。

法国要回战俘，放弃整个东南亚，保大皇帝被废黜蛰居巴黎，越南按北纬 17 度线北南分治；早一步驱逐法国殖民者、已解放的老挝王国，也就独立了。❷ 这就是 1954 年 7 月在日内瓦会议谈判定的。唇枪舌剑的激烈之"谈"，最后不得不承认服从硬道理，"判"定了既成事实。❸

其间，洪水手挽两党全力投入，成为中越两军授予将军之唯一者。不幸，于 1956 年英年病逝。

透视历史，勾勒重点，读者明白：中、朝、越，革命成功，是老一辈领袖领导本国人民英勇奋斗的结果，也是集苏联、欧美、日本和被压迫、被侵略各国的国际主义革命家，以及万千革命者的智慧贡献、生命鲜血之大成！

---

❶ 按"西北战役"企图立案，从老挝插向河内以南至 17 度线广大地区，包围孤立河内，困住饿死法军，迫使法国投降。越南将"西北战役"与"奠边府战役"分为两个战役。

❷ 法国撤出后一年，柬埔寨宣布独立。

❸ 关于法国东南亚战争、日内瓦会议和协定，1954 年就在国际上公布，20 世纪 70 年代全部解密。

中越革命生死与，
游击战争世界殊

"中国对越援助是越军逐步扭转战场形势、掌握主动权的关键，而对越共中央的战争指导建议，是越南抗法战争取得胜利的核心因素。刘少奇正是负责这项工作的总指挥。"❶

美国介入南越，先暗中操控、后发动战争，"逐步升级"。中国进一步加大了援助，其中最重要的部分就是军援，刘少奇的意见中央军委不折不扣地执行。直到"文化大革命"开始后的1966年7月22日，在天安门广场十万人集会，发表《刘少奇主席声明》："我代表七亿中国人民，向全世界庄严声明……中国七亿人民，是越南人民的坚强后盾，中国辽阔的国土，是越南人民的可靠后方"❷。

"文化大革命"初始，胡主席正在中国，到杭州见毛主席（江青、康生在座），毛伯伯说：我明年七十三了，这关难过，阎王不请我自己去……全世界的党都分裂嘛……我们都是七十以上的人了，总有一天被马克思请去。接班人究竟是谁……不得而知。要准备，还来得及……我们最近这场斗争，是从去年11月开始的，已经七个月了。最初，姚文元发难（指批判《海瑞罢官》文章）……现在我们……搞"文化大革命"。❸

胡伯伯表示不理解：我们越南不搞，武化大革命还没搞完呢。毛伯伯建议到学校看看大字报，胡伯伯看完后，纵有千般味，更与何人说？自语一句：大字报所指的那些人要是

---

❶ 以上多处评价参见曲爱国（军事科学院副院长）：《关于刘少奇指导援越行动和对印作战的情况介绍》，2018年。

❷ 中共中央文献研究室编：《刘少奇年谱（1898—1969）》下卷，中央文献出版社1996年版，第645页。

❸ 中共中央文献研究室编：《毛泽东年谱（1949—1976）》第五卷，中央文献出版社2013年版，第592页。

看到这些，该多伤心哦！ ❶

我想今人看至此，能够体会出什么叫作：同志加兄弟、情同手足，患难总相顾、生死与共！

三年后，1969 年 9 月 2 日越南国庆节，胡志明因病逝世，东方已白明星灭，备享哀荣空前；同年 11 月 12 日，刘少奇含冤去世，夕阳西下几时回？身披白发盈尺。

几十年抗法抗美，"越共"凭的就是绕行老挝，先打下北越；特别是开辟"胡志明小道"绕行老挝、柬埔寨，后渗透南越。越南靠的就是人民战争，以"大战三千里、力当百万师"的"纠缠扭打战法"、先持久拖垮敌人；特别是运用"游击战与运动战的适当结合转换"、后击溃歼灭敌军。可以说登上新高峰。1973 年，几十万美军陆续撤出。1975 年，越南人民军攻入西贡。

美国曾宣布，"朝鲜战争是唯一没有打胜的战争"，而"越南战争是唯一彻底失败的战争"。美国人承认，这两场战争都败给了中国人。 ❷

游击战争——人民战争，不仅改变了中国，也改变了美国，一定程度上还在改变世界！

仅从点到为止的快闪概述中，相信大家足以看到，作为中国共产党最著名、最主要的政治家、革命家之一，刘少奇更是影响世人、改造世界的伟大理论家、战略家之一。

---

❶ 20 世纪 80 年代，越南老辈革命家、首任越南驻华大使，后任政治局委员、国会常务委员会副主席的黄文欢，对我母亲和我回忆讲述。

❷ 美军认为朝鲜战争打了个平手，但中国军队是从鸭绿江打回三八线，美承认输给中国人。

不忘初心　死而不亡

　　国防是个大概念，军事是其中不可或缺的重要方面，军队是其中不可或缺的重要部分。中央军委负责军队的指挥，而国防建设，则是由党和国家举全民之力，甚至举世界人民之力来进行的。

　　"文化大革命"，是人民、国家、共产党和所有老一辈革命家的大灾难，皆遭罹害、玉石俱焚！❶1976年10月抓捕"四人帮"，华国锋主席正式宣布"文化大革命结束"；1978年12月十一届三中全会彻底否定"文化大革命"；经"真理标准大讨论"，《恢复毛泽东思想的本来

---

❶　最令人感到受辱被嘲弄的是，最起劲"抓叛徒"的旗手、黑手陈伯达、江青、康生，最终却被确证查实，都在国民党监狱里叛变过，百代遗臭！如果有人研究这段，将会有无数惊人发现，令人匪夷所思！例如："文化大革命"后第一个在中央控诉陈伯达是叛徒的，竟是江青！而向毛泽东、党中央告发江青是叛徒的，竟是康生！挖康生老根底的，竟是陈伯达！这导致康生与谢富治1969年11月下密令，将已押十八年多的老叛徒、中共中央原常委卢福坦（79岁），毒杀又枪决于监狱中！早在1971年"九一三事件"中，林彪一家葬身蒙古温都尔汗，死定叛国无疑。而"文化大革命"中，被林彪、陈伯达、江青、康生污蔑打成"叛徒"的好同志，最后全部平反昭雪，无一遗漏！

面目》❶。

1980 年，党和国家隆重为刘少奇平反，❷ 推翻了一切不实之词，给他的一生作出全面、公正的评价，❸ 恢复了他中国共产党党籍和党的副主席职务。刘少奇，至去世前，一直都是中华人民共和国的主席（1959—1969 年）。还有很重要的：刘少奇，至去世前，一直都是中华人民共和国的国防委员会主席（1959—1969 年）。

恢复历史原面貌，平反昭雪见青天

一直到去世，父亲始终致力于民族独立、人民解放、国家富强，始终执着于巩固国防、建好军队——奋斗不息、竭尽忠诚。

父亲的一生，多灾多难，历尽坎坷，而他又极其成功、

1965 年 1 月 8 日，刘少奇召集国防委员会全体会议。左起：傅作义、程潜、叶剑英、陈毅、刘少奇、贺龙、邓小平、罗瑞卿、张治中、蔡廷锴。

---

❶ 刘少奇追悼大会当日的《人民日报》社论标题。

❷ 中共中央文献研究室编：《刘少奇年谱（1898—1969）》下卷，中央文献出版社 1996 年版，第 662 页。

❸ 黄峥：《刘少奇冤案始末》，九州出版社 2012 年版，第 185—232 页。

建树奇伟。我常想，刘少奇久经鏖战苦斗，力克千难万险，为什么能闯过狂风巨浪，被推举到历史的巅峰，成为党和人民拥戴的领袖呢？他自己曾说过的一段话或许能够解释：

"我们党的及我们党所领导的各项工作、各项事业，都是人民群众的事业，并都是（无一项不是）经过人民群众去进行的工作……一切工作都要走群众路线，都要有群众观点"。什么是群众观点和路线呢？他说："一切为了人民群众的观点，一切向人民群众负责的观点，相信群众自己解放自己的观点，向人民群众学习的观点，这一切，就是人民群众的先进部队对人民群众的观点"，有这些观点"才能有明确的工作中的群众路线，才能实行正确的领导"。怎样做好群众工作呢？简言之："小道理应该服从大道理，小原则应该服从大原则"。❶

浓缩为父亲的一句话："共产党是什么都不怕，就怕的是脱离群众，只要共产党永远依靠群众，就是不可战胜的"❷！我想，这就是父亲克服一切艰难险阻，每每从无到有、以弱胜强，屡屡反败为胜，甚至"起死回生"、取得辉煌成就的根本原因。

"文化大革命"中，父亲对我说过一句话："我一生只办过一件事，就是群众的事；只做过一项工作，就是群众工作"。他是不是在教导：此身非我有，血雨任凭生？天长日久，梦里寻他千百度，蓦然回省，老人家自幼着迷"精忠报

一生只办一件事，
一生工作此为先

---

❶ 刘少奇：《论党》，见《刘少奇选集》，人民出版社 1985 年版。

❷ 刘少奇：《在晋西北干部会上的讲话》（1942 年 12 月 9、10 日）。

国"，钟情"何须马革裹尸还"……五十年间，我每念及彼时此景，百感交集浮想联翩，心灵纯净沐浴洗礼！

朱爹爹赠诗："人山人海里，从容作导师"；"党中作领袖，大公而无私"。今天向大家叙述的主题，正是在那个群星灿烂的年代，父亲与领袖、战友、同志、人民群众的故事（无一项不是），所以尽量多的写上共事者姓名。而我讲述的主角，是一位学子、平民、凡人，在人民群众、革命事业中，在学习锻炼、忘我奋斗中，成长为一位导师、领袖、伟人——一名真正的共产党员的故事。

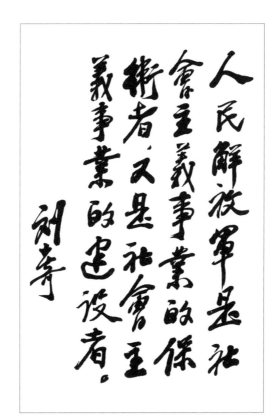

刘少奇于1961年为中国人民革命军事博物馆题词手迹。

刘少奇和"洛阳"号护航舰上指战员交谈。

　　在最悠久的古都开封 ❶，受极严格的绝密监禁，"疏散"抵达 25 天后，父亲尽忠，与他热爱的人民群众永别了。中央专案组盗用我的身份假冒签名，登记逝者姓名：刘卫黄。❷

　　"少奇卫黄"，凝聚爸爸英灵。生前身后，名垂代代千秋！

　　在中共中央的悼词中，邓小平同志超出常规评定："刘少奇同志言行一致。他在《论共产党员的修养》中对广大党员提出的党性锻炼的要求，自己都以身作则地实践了。"

　　父亲的一生与军队、军事、国防确实有不解之缘，紧密

──────────

❶　开封建都 4100 年，历夏朝，商朝，春秋魏国，五代后梁、后晋、后汉、后周，辽代，北宋，金代。

❷　见开封刘少奇逝世处陈列馆：《火化证明》和《骨灰证》上姓名"刘卫黄"；与填写人关系"父子"；署名"刘原"。

相连。那个时代，决定了他必须为保卫炎黄子孙而拼搏，必然为振兴中华而革命；那个时代，决定了他的理想信念、文武兼备，造就了他的卓越卓荦、文武殊荣。他披肝沥胆，乘势顺民，披荆斩棘，卫黄保华，将永昭史册。

老子曰："死而不亡（通假忘，朽）者寿"。党和国家，伟大的中国人民没有忘记刘少奇，从"历史上最大的冤案"中解救他，永远纪念他——众心自有光明月，千古团圆永无缺！

"好在历史是由人民写的"！父亲终生不忘初心，他竭尽全力去做了，他舍生忘死做到了——了却军民天下事，赢得生前身后名，何怜白发生！

1958年，刘少奇在舟山群岛看望守岛部队。

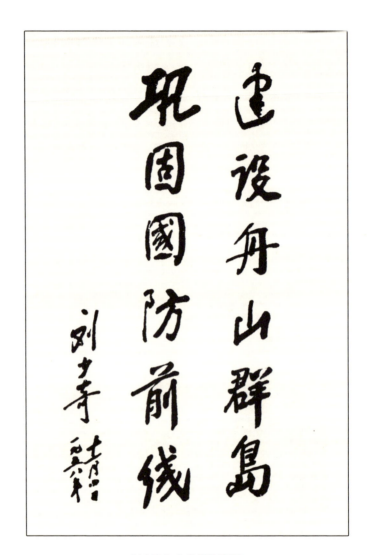

建设舟山群岛

巩固国防前线

刘少奇 题

刘少奇为守岛部队题词。

1959 年 11 月 24 日，刘少奇到海南岛海军榆林基地看望守岛部队。

1960 年 4 月 1 日，刘少奇、朱德、董必武等接见中国人民解放军驻北京部队先进集体、积极分子代表大会和中共中央直属机关第三次青年积极分子代表会议的代表。

1962年，刘少奇（右二）视察军事学院。左一廖汉生、左二张震、左四钟期光。

1963年12月29日，刘少奇接见中国人民解放军总后勤部工作会议的代表。

1964年4月，刘少奇、邓小平等在海军司令员萧劲光陪同下，接见军事院校的学员。

1963年夏，刘少奇在北戴河与战士游泳队员合影。

1964 年 6 月，党和国家领导人在北京观看北京、济南军区部队军事训练汇报表演。图为总参谋长罗瑞卿向刘少奇介绍国产半自动步枪。

刘少奇、周恩来、邓小平观看北京、济南军区部队的军事汇报表演。

视频索引

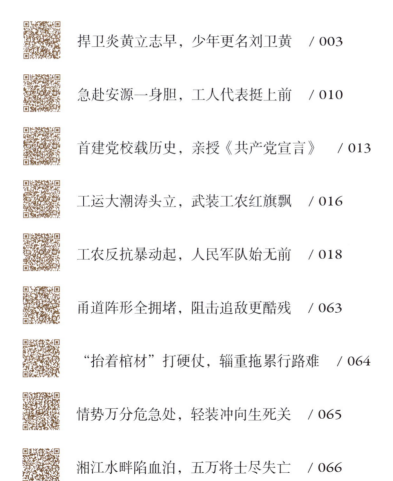

特约编辑：王双梅

责任编辑：刘 伟

装帧设计：汪 莹

责任校对：吕 飞

视频编辑：周家戎 武 思 李 麒

图书在版编目（CIP）数据

梦回万里 卫黄保华：漫忆父亲刘少奇与国防、军事、军队：纪念版 /
　刘源 著 . — 北京：人民出版社，2019.5（2019.8 重印）

ISBN 978 − 7 − 01 − 020621 − 9

I.①梦… II.①刘… III.①刘少奇（1898—1969）− 生平事迹 IV.① K827=7

中国版本图书馆 CIP 数据核字（2019）第 059311 号

梦回万里 卫黄保华

MENGHUIWANLI WEIHUANGBAOHUA

——漫忆父亲刘少奇与国防、军事、军队

纪念版

刘 源 著

人民出版社 出版发行

（100706 北京市东城区隆福寺街 99 号）

北京华联印刷有限公司印刷 新华书店经销

2019 年 5 月第 1 版 2019 年 8 月北京第 2 次印刷

开本：710 毫米 ×1000 毫米 1/16 印张：17.75

字数：136 千字 插页：4

ISBN 978 − 7 − 01 − 020621 − 9 定价：98.00 元

邮购地址 100706 北京市东城区隆福寺街 99 号

人民东方图书销售中心 电话（010）65250042 65289539